우리를 정의하는 것은
우리의 행동입니다

청소년을 위한 인문학콜라보 4

우리를 정의하는 것은 우리의 행동입니다

ⓒ권재원, 2021

초판 1쇄 발행 2021년 8월 25일
초판 2쇄 발행 2022년 4월 25일
지은이 권재원
펴낸이 김혜선 **펴낸곳** 서유재 **등록** 제2015-000217호
주소 (우)04034 서울 마포구 잔다리로7길 18(서교동 377-20) 504호
전화 070-5135-1866 **팩스** 0505-116-1866 **대표메일** seoyujaebooks@gmail.com
종이 엔페이퍼 **인쇄** 성광인쇄

ISBN 979-11-89034-43-6 43300

이 도서는 한국출판문화산업진흥원의 '2021년 출판콘텐츠 창작 지원 사업'의 일환으로
국민체육진흥기금을 지원받아 제작되었습니다.

청소년을
위한
인 문 학
콜 라 보
④

우리를 정의하는 것은
우리의 행동입니다

화폐 속 여성 인물 이야기

권재원 지음

서유재

'텔레비전에 내가 나왔으면 정말 좋겠네. 정말 좋겠네. 춤추고 노래하는 예쁜 내 얼굴.'

20년 넘도록 어린이들의 사랑을 받고 있는 이 노래 기억하지요?

사람이라면 누구나 다른 사람들에게 자신을 자랑하고 싶어 합니다. 어린이들의 눈에는 텔레비전에 얼굴이 나온다는 것이 사람들에게 자신을 뽐내는 가장 확실한 방법으로 보일 겁니다. 그보다 더 옛날에는 '신문에 나올 일이네'라는 말을 쓰기도 했습니다. 유명해지려면 텔레비전에 나오거나 신문에 실리는, 한마디로 대중매체에 나오는 것이 가장 확실한 방법인 모양입니다.

그런데 그 어떤 대중매체보다 더 많은 사람이 날마다 보는 매체가 있습니다. 여기에 얼굴이 나오는 것이야말로 유명해지기 끝판왕이 되는 셈이죠. 그게 뭘까요? 바로 돈이랍니다.

사람들은 아무리 유명한 신문의 기사라도 며칠 지나면 보지 않습니다. 아무리 인기가 많은 방송 프로그램에 출연해도 시간이 지나면 잊히고 맙니다. 당장 여러분만 해도 〈미워도 다시 한번〉이나 〈보통 사람들〉 같은 드라마가 얼마나 유명했는지 모르지요. 게다가 요즘은 시청률이 3퍼센트만 넘어도 히트했다고 하니 텔레비전을 보는 사람도 생각보다 많지 않은 모양입니다.

하지만 돈은 다릅니다. 한국 사람 중에 1만 원권 지폐에 인쇄된 세종대왕 얼굴을 안 본 사람이 있을까요? 설사 그게 세종대왕이란 것을 몰라도 그 얼굴만큼은 생생하게 기억할 겁니다. 만약 그 돈이 대한민국 원화가 아니라 미국 달러라면 어떨까요? 미국뿐 아니라 전 세계 사람들이 거기 나온 사람들의 얼굴을 봅니다. 하루 이틀도 아니고 짧게는 몇 년 길게는 몇십 년 동안 꾸준히 말입니다.

아무리 작은 나라라도 모두 저마다의 돈이 있습니다. 인구 천 명이 채 안 되는 바티칸조차 유럽의 모든 화폐가 유로화로 통합되기 전에는 '바티칸 리라'라는 나름의 돈을 썼습니다. 테러집단 IS조차 국가 수립을 선포하면서 '디나르'라는 화폐를 발행했습니다.

이렇게 돈은 거의 모든 사람이 거의 날마다 보는, 세상에서 가장 막강한 매체입니다. 그런 돈에 얼굴이 나온 사람이라면 두말할 나위 없이 그 나라는 물론, 인류의 슈퍼스타 아닐까요? 그래서 세계 여러 나라는 저마다 자국의 돈에 어떤 사람의 얼굴을 그려 넣을지 무척 신경 썼습니다. 그야말로 그 나라의 간판스타를 정하는 일이니까요.

더구나 돈은 그 나라의 가치를 상징합니다. 어떤 사람을 화폐 인물로 정했는지 보면 그 나라가 어떤 가치를 중요하게 생각하는지 드러나니까요. 사실 다른 나라 사람들에게는 국기나 국가보다 돈에 나오는 사람이 더 구체적으로 다가옵니다. 그래서 세계 여러 나라는 가장 자랑스러워하는 인물을 신중하게 골라 그려 넣습니다. 만약 유명한 인물이 마땅치 않으면 자연 경관이나 문화유산이라도 집어넣습니다.

화폐 속 간판스타는 대체로 시간이 지나면 교체됩니다. 어느 나라든 시간이 흐르면서 중요하게 여기는 가치가 바뀌기 마련이니까요. 그래서 화폐 속 인물이 어떻게 달라졌는지 보면 그 나라의 가치관이 어떻게 바뀌어 왔는지 확인할 수 있습니다. 예를 들어 1990년대 이후 많은 나라가 정치가나 민족 영웅에서 과학자나 예술가로, 그리고 되도록이면 20세기 이후의 인물로 바꾸고 있습니다. 특히 2000년대 이후에는 예술가의 비중이 부쩍 늘었습니다.

그런데 여러 나라의 화폐 속 인물을 살펴보면 아무리 시대가 바뀌어도 별로 변하지 않는, 결코 바람직하다고 할 수 없는 점이 하나 보입니다. 바로 화폐 속 인물이 그 나라의 국민, 역사, 가치의 절반밖에 대표하지 못한다는 겁니다. 화폐 속 인물 대부분이 남성이기 때문입니다. 만약 화폐를 통해 지구를 연구하는 외계인이 있다면, 틀림없이

지구인은 인구의 대부분이 남자로 이루어진 종족이라는 결론을 내릴
정도입니다.

'세상의 절반은 여성'이라고 합니다. 그러나 돈의 세계에서는 어림도 없는 말입니다. 1/4 정도면 많이 쳐준 겁니다. 그 1/4도 대부분 영연방 나라들의 화폐가 영국의 엘리자베스 2세 여왕 초상을 사용하기 때문에 채워진 숫자입니다. 만약 찰스 왕세자나 윌리엄 왕자가 여왕의 뒤를 이어 영국 국왕이 되면 화폐 속 여성의 비율은 확 줄어들 수밖에 없습니다.

그 몇 안 되는 것도 대부분 1990년대 이후에 도입되었습니다. 그나마도 마치 선심 쓰듯 마지못해 한자리 내준 것 같은 느낌을 줍니다. 이탈리아는 8개 권종 중에서 겨우 하나, 프랑스는 4개 권종에서 고작 0.5자리(퀴리 부인이 남편과 함께 나옵니다)만 내주었습니다. 독일이나 스웨덴은 정확하게 절반을 여성에게 할당하는 성의를 보였지만, 예외에 불과합니다. 그나마 이 유럽 화폐들이 유로화로 통합되면서 이 여성들마저 화폐 나라에서 사라지고 말았습니다. 유로화는 아예 인물 초상을 사용하지 않고 있습니다.

다행히 영국이 2000년대 넘어 여왕 이외의 여성 초상을 화폐 뒷면에 사용하기 시작했습니다. 그리고 완고한 가부장적 전통을 자랑하는 두 나라, 일본과 한국에서 2004년과 2009년에 여성 초상을 사용하는 화폐를 하나씩 도입했습니다.

하지만 세계에서 가장 많이 사용되는 화폐인 미국 달러의 인물은 2021년이 되어서야 여성이 등장하게 되었습니다. 화폐 나라는 여전히 가부장제가 지배하는 봉건사회입니다.

물론 위대한 인물들 중에 여성보다 남성이 많아서 그렇다고 변명할 수 있습니다. 하지만 그건 여성의 능력이 부족해서가 아니라 그동안 남성이 능력을 발휘할 기회를 독점하거나 더 유리한 자리를 차지해 왔기 때문이 아닐까요? 그렇다면 적어도 형식적이나마 여성의 권리가 인정받게 된 20세기 이후 인물 가운데 더 많은 여성을 발굴해 화폐에 얼굴을 올렸어야 하지 않을까요?

이렇게 생각해 보니 이 불평등한 화폐 나라에 얼굴을 올린 몇 안 되는 여성이 몇 곱절 더 훌륭해 보입니다. 이분들은 비슷한 업적을 남긴 남성 위인들보다 훨씬 더 높이 평가되어야 합니다. 남성들의 시각으로 그들의 업적이 폄하되고 왜곡되었음에도 이 정도의 업적을 남겼으니 말입니다. 겉보기에는 그 업적이 남성보다 못해 보인다 할지라도 거기에 몇 배의 가중치를 얹어 주어야 합니다. 가부장제의 완고한 벽과 싸우며 억눌리고 잊히고 지워졌음에도 이 정도라고 생각해야 합니다.

이 책은 바로 그 몇 안 되는 화폐 나라의 여성들, 지금까지 인류 역사에서 여성을 대표하는 슈퍼스타들을 기념하는 책입니다. 하지만 일반적인 슈퍼스타 이야기와 달리 결코 화려하거나 찬란하지 않습니다. 오히려 그들이 위대한 업적을 남기기 위해 사회의 완고한 장벽과 얼마나 힘겹게 싸웠는지, 그리고 그들이 가진 모든 능력을 다 쓰지 못하고 어떻게 좌절했는지, 피와 땀이 가득한 처절함이 느껴집니다. 이들은 단지 성공해서, 이름을 떨쳐서 롤모델이 아닙니다. 고통받고 좌절하고 울분을 토했기에 롤모델입니다.

부디 이 책이 가부장제의 낡은 가치와 틀을 넘어서는 계기가 되길 바랍니다.

차례

독일
마르크화

지금 유럽은 '유로'라는 공통 화폐를 사용합니다. 그래서 유럽의 각 나라들이 오랫동안 사용해 온 유서 깊은 화폐가 많이 사라졌습니다. 그중 여성에게 가장 많은 자리를 제공했던 독일의 마르크화가 사라진 것은 특히 애석합니다. 덕분에 화폐 나라에서 그나마 얼마 없던 여성이 확 줄어 버렸기 때문입니다.

역사 속으로 사라져 버린 독일 마르크화 8개 권종 중 4개 권종에 얼굴을 올렸던 여성은 작가 베티나 폰 아르님(Bettina von Arnim), 시인 아네테 폰 드로스테휠스호프(Annette von Droste-Hülshoff), 곤충생물학자 마리아 지빌라 메리안(Maria Sibylla Merian), 음악가 클라라 슈만(Clara Schumann)입니다. 이 중 마리아 지빌라 메리안과 클라라 슈만을 소개합니다.

여자가 그림은 배워서 뭐하게?

꽃이나 벌레를 관찰하는 건 좋소. 하지만 산이나 들로 쏘다니는 일은 삼가시오.

그건 정숙하지 못한 일이니까.

와! 이 꽃 좀 봐 꽃잎이 살아 있는 것 같아. 하하.

어떻게 이렇게 그릴 수가 있습니까?

호호.

별거 아니에요.

계속 관찰했어요.

똑같이 그릴 수 있다는…

생각이 들 때까지…

남자였다면 생물학의
아버지로 불렸을 사람

위대한 곤충생물학자
마리아 지빌라 메리안
Maria Sibylla Merian
1647~1717

17~18세기 유럽은 중세의 흔적이 남아 있던 절대왕정 시대였습니다. 당연히 여성의 사회 활동은 거의 불가능했습니다. 17세기는커녕 19세기까지도 동서양을 막론하고 여성이 세상에 이름을 남길 방법은 여왕 혹은 귀부인이 되어 유명한 지식인과 예술가 들의 후원자나 애인이 되는 정도뿐이었습니다.

재능이 많은 여성들도 유명한 남성의 부록으로나마 간신히 이름을 남겼습니다. '로댕의 연인 까미유 끌로델', '리스트의 연인 다구르 백작 부인', '쇼팽의 연인 조르주 상드' 등이 그렇습니다.

유명한 철학자 존 스튜어트 밀은 틈만 나면 자신의 연인(나중에 부

유명 남성의 가족이나 연인이 아닌, 스스로의 업적만으로 이름을 남긴 마리아 지빌라 메리안의 초상이 담긴 독일의 500마르크 지폐

인이 됩니다) 해리엇 테일러가 뛰어난 사상가이며 대부분의 저작을 함께 썼다고 말했지만, 세상은 그 모든 저작에 존 스튜어트 밀의 이름만 기록했습니다. 더 놀라운 사실은 해리엇 테일러 스스로 자기 이름을 드러내지 말아 달라고 부탁했다는 겁니다. 그렇게 해리엇 테일러는 존 스튜어트 밀의 연인이자 부인으로만 남았습니다.

독일 500마르크의 주인공인 마리아 지빌라 메리안은 해리엇 테일러보다 150년도 더 앞선 시대의 여성입니다. 아마 위인전으로 만나기도 어렵고, 교과서에도 나오지 않아 몹시 생소한 이름일 겁니다.

곤충학자이자 생물학자인 마리아 지빌라 메리안은 동시대의 그 어떤 유명 남성의 가족이나 연인이 아닌, 스스로의 업적만으로 이름을 남긴 여성입니다. 여성에게 사회 활동이 허용되지 않던 시절에 말입니다.

더구나 과학자로 이름을 남겼다는 점이 놀랍습니다. 17세기에 여성에게 열려 있던 사회 활동은 가정교사가 되거나, 이름을 감춘 채작품을 발표하는 정도였습니다. 유명한 제인 오스틴조차 익명으로소설을 발표했으니까요. 오페라나 연극 무대에 오르는 배우가 되는길도 있었지만, 매우 특별한 경우였고 천대받기 일쑤였습니다.

여성에게 소설이나 시를 쓰는 일이 어느 정도 허용된 까닭도 따지고 보면 성차별이었습니다. 얼굴을 드러내지 않아도 되는 일, 집 안에서 할 수 있는 일이기 때문입니다. 그나마 여성은 감정이 앞서고 지성이 부족하다는 편견 때문에 연애소설이나 연애시를 쓰는 정도만 허용되었습니다. 같은 소설과 시라도 역사소설이나 서사시, 비극 같은분야는 여전히 남성 전용이었습니다. 여성이 그런 분야의 글을 써 와도, 출판사에서는 작가가 여성이라면 아예 거들떠보지도 않았습니다. 그러니 과학·철학·수학 같은 분야는 여성이 업적을 남기기는커녕배울 기회도 없었습니다.

먼 옛날 일이라고요? 천만에요. 이런 편견은 아직도 남아 있습니다. 지금도 여학생은 언어나 예술, 남학생은 수학이나 과학을 잘한다고 생각하는 사람이 있지 않나요? 당장 고등학교에 가 보면 여학생중 이과반은 소수입니다. 심지어 이과반을 선택한 여학생은 뭔가 좀다른 아이라는 시선을 받곤 합니다.

그런데 350년 전에 과학자로 이름을 남긴 여성이라니요. 더구나 독일에서 말입니다. 독일은 위대한 과학자가 무척 많은 나라입니다. 미국, 영국 다음으로 노벨상 수상자를 많이 배출했으며, 그 또한 물리학·화학·생물학 등 과학 분야에 집중되어 있습니다. 그래서 '여성' 인물을 강조하는 시대 분위기가 아니었다면, 과연 마리아 지빌라 메리안이 독일 과학을 대표하는 인물로 화폐에 얼굴을 올릴 만한 위인이라고 볼 수 있겠느냐는 의문이 계속 생기는 겁니다. 혹시 취미 삼아 동물이나 식물을 관찰하고 기록한 정도였는데, 여성 인물을 화폐에 많이 올리려는 독일 정부의 의도 때문에 업적에 비해 과대 평가된 건 아닐까 하는 의심도 해 볼 법합니다. 하지만 반대로 여성이었기 때문에 마땅히 누려야 할 영광을 누리지 못하고 평가절하되어 왔다는 반론 또한 가능합니다.

과연 어느 쪽일까요? 마리아 지빌라 메리안의 삶을 살펴보며 함께 생각해 보겠습니다.

마리아 지빌라 메리안(이하 메리안)은 1647년에 태어났습니다. 근대라고 하기엔 애매하고 중세라고 하기에도 적절하지 않은 시대입니다. 아버지 마테우스 메리안은 스위스 사람으로 판화가이자 출판업자였습니다. 예술가라기보다는 도판이 있는 책을 제작해서 판매하는 기술자였고, 집이 곧 공방이었습니다.

아버지 마테우스는 메리안이 세 살 때 세상을 떠났기 때문에 별 영향을 주지 못했습니다. 대신 어머니 요한나 지빌라 하이네가 재혼

위대한 과학자를 수없이 배출한 독일에서 '여성' 과학자로 인정받은
마리아 지빌라 메리안

하면서 맞이하게 된 새아버지 야콥 마렐이 어린 메리안에게 많은 영향을 주었습니다. 어머니의 재혼과 더불어 메리안은 새아버지 야콥이 있는 프랑크푸르트로 이사를 갑니다. 만약 새아버지를 만나지 않았다면 메리안은 독일이 아니라 스위스 사람으로 기록되었겠지요.

야콥은 화가였습니다. 그 시대에는 그림이든 음악이든 집안일 외에는 모두 남자들의 일이었습니다. 여자가 그림을 배우는 것은 그저 취미 생활일 뿐, 생업으로 삼는 건 여자답지 못하다고 눈총을 받았습니다.

하지만 야콥은 그림에 흥미를 보이는 메리안에게 자기 제자들과 같이 그림을 배우게 했습니다. 야콥은 정물화가 전공이었고, 메리안도 그 영향을 받아 정물화를 배웠습니다. 메리안은 특히 정물화의 소재인 각종 식물들, 그리고 그 식물들에 붙어 있는 곤충들에 흥미가 많았습니다. 야콥은 그런 메리안에게 곤충과 식물을 정밀하게 그리는 방법을 가르쳐 주었습니다.

"여자가 그림 배워서 뭐하게?"

이렇게 말하는 사람도 있었지만 야콥의 생각은 달랐습니다.

"점잖은 집 아가씨나 부인들은 수놓는 걸 좋아한다고. 그런데 수를 놓으려면 바탕이 되는 그림이 있어야 하잖아? 꽃, 풀, 나비 그림은 수놓기 딱 좋은 바탕이지. 이거야말로 정말 여자다운 일이라고."

이런 야콥의 가르침을 받고 메리안은 열심히 꽃, 풀, 벌레를 그렸습니다. 특히 정물화는 대상을 거의 그대로 옮겨 그려야 한다는 야콥의 생각에 따라 대상을 꼼꼼하게 관찰하는 버릇을 들였습니다.

"이 꽃 좀 봐. 꽃잎이 살아 있는 것 같구나. 잎맥까지 생생하게 살렸구나. 이 나비랑 벌은 금방이라도 날아갈 것 같아. 어떻게 이렇게 그렸지?"

어른들은 메리안이 그린 싱싱하게 살아 있는 것 같은 꽃, 풀, 그리고 그 위를 날아다니는 곤충 그림을 보고 감탄했습니다.

"별거 아니에요. 계속 관찰했어요. 꽃도, 풀도, 벌레도. 똑같이 그릴 수 있다는 생각이 들 때까지."

메리안은 관찰을 좋아했습니다. 야콥이 시키기도 전에 이미 뭐든지 완전히 눈으로 빨아들이듯 관찰했습니다. 그리고 관찰한 것을 스케치하고 글을 써서 정리했습니다. 어느새 메리안에게는 온갖 종류의 꽃과 풀, 벌레를 관찰한 그림과 그것을 설명한 글로 가득한 공책이 쌓였습니다.

이미 집 근처에서 볼 수 있는 것들은 눈을 감고도 그릴 정도가 된 메리안은 들과 숲을 다니면서 더 많은 곤충과 식물을 찾아 관찰하고 채집해 표본도 만들었습니다.

열세 살 소녀가 포충망을 들고 돌아다니며 곤충을 잡으러 뛰어다니는 것도, 표본을 만들고 기록하는 것도 그 시대에는 무척 낯선 모습이었습니다. 100년 뒤에도 낯선 모습이었으며, 100년 전이었다면 마녀로 몰려 화형당했을지도 모를 모습이었습니다.

메리안은 관찰하고 그리는 것에 만족하지 않고, 집에서 누에를 직

메리안의 곤충 그림은 양갓집 아가씨나 귀부인 들의 자수본이나 장식으로 쓰기에는 지나치게 사실적이고 세밀했습니다. 사진이 없던 시절, 사진과 다름없는 과학적 기록물이나 마찬가지였습니다.

접 기르기 시작했습니다. 산과 들에서 채집한 온갖 종류의 애벌레도 길렀습니다. 그러다 애벌레들이 변태 과정을 거쳐 아름다운 나비나 나방이 된다는 것을 발견했습니다.

당시 유럽인들은 곤충의 변태 과정에 대한 지식이 부족해 꾸물꾸물 기어다니는 애벌레를 불결하고 부정하다고 생각했습니다. 남성들 중에도 곤충을 직접 키우며 연구하는 사람은 많지 않았습니다. 예쁜 나비나 물잠자리를 표본으로 만들거나 그림으로 그리는 경우는 있어도 애벌레를 키우고 관찰하고 그리는 경우는 거의 없었습니다. 여성이고, 남성이고간에 말이죠.

그런데 어린 메리안이 애벌레와 번데기를 거치는 곤충의 변태 과정을 알아낸 겁니다. 메리안은 수많은 애벌레를 채집해 번데기가 되었다가 곤충이 되는 변태 과정을 꼼꼼하게 관찰하고, 상세하게 기록했으며, 사실적이고 아름답게 그렸습니다. 메리안의 곤충 그림은 더 이상 양갓집 아가씨나 귀부인 들의 자수본이 아니었습니다. 사진이 없던 시절에 사진과 다름없는 과학 기록이나 마찬가지였습니다. 물론 그렇다고 아름답지 않은 것은 아닙니다만, 자수본이나 장식으로 쓰기에는 지나치게 사실적이고 세밀했습니다.

시간이 흘러 메리안 역시 17세기 여성이라면 피하기 어려운 운명을 맞이하게 되었습니다. 스무 살이 되기 전에 결혼해야 한다는 것입니다. 그래서 열여덟 살이던 1665년에 새아버지 야콥의 제자였던 요한 안드레아스 그라프와 결혼했습니다. 3년 뒤, 메리안은 딸 요하나 엘레나를 낳고, 1670년에 남편을 따라 뉘른베르크로 옮겨가서 살게 됩니다. 메리안은 뉘른베르크에서도 자연을 관찰하고, 그리고, 기록하는 일에 대한 열정을 버리지 않았습니다.

남편은 여성의 역할에 대해 보수적이고 완고한 사람이었지만, 메리안의 그림이 경제적으로 도움이 되었기 때문에 마지못해 묵인했습니다. 일단 메리안의 곤충과 꽃 그림은 자수 디자인으로 인기가 많았고, 부자들이 그 그림을 보고 자녀의 미술 레슨을 의뢰했기 때문입니다. 아마도 그들은 그림만 보고, 꼼꼼한 과학적인 관찰 기록은 보지 않았을 겁니다.

메리안은 부잣집 딸들에게 미술 레슨을 하면서 뉘른베르크의 여러 유력한 집안과 관계를 맺을 수 있었습니다. 남편은 메리안이 고분고분하게 집 안에 들어앉아 있지 않고 마치 과학자처럼 행동하는 것에 불만이 많았지만 덕분에 자신도 여러 유력한 집안과 연을 맺고 작품을 의뢰받을 수 있었기 때문에 꾹 참았습니다.

이런 관계는 꽤 오랫동안 이어졌습니다. 메리안은 당시 여성으로서는 보기 드물게 사회 활동을 많이 했고, 남편은 마치 부록처럼 곁들여지는 신세였습니다. 그래도 남편으로서의 권위를 잃고 싶지 않아 이렇게 엄포를 놓았습니다.

"꽃이나 벌레를 관찰하는 건 좋소. 하지만 산이나 들로 쏘다니는 일은 삼가시오. 정숙하지 못한 일이니까."

그래서 메리안은 중산층의 젊은 여성이 품위를 잃지 않으면서 곤충을 관찰할 수 있는 유일한 방법인 정원 가꾸기를 선택했습니다. 메리안은 열과 성을 다해 정원을 가꾸었습니다. 하지만 흔히 여성에게 기대하는 것처럼 예쁜 정원을 가꾸는 게 아니었습니다. 수많은 종류의 식물과 곤충을 기르고 관찰하고 연구할 생각이었습니다. 메리안에게 정원은 취미와 휴식의 공간이 아니라 생물학 실험실이자, 각종 벌레의 배양실이었습니다.

1679년, 메리안은 그동안 관찰한 180종이 넘는 곤충들의 변태 과정과 분류에 관한 꼼꼼한 설명을 묶어 책을 냈습니다. 놀라우리만치 세밀하고 아름다운 곤충과 애벌레 그림으로 가득한 메리안의 책은 곧 유럽 과학계에 충격을 주었습니다. 당시만 해도 자연발생설을 널리 믿던 시절이었습니다. 예를 들어, 축축한 진흙에서 벌레가 만들어진다는 식의 믿음 말이죠. 당시 사람들은 나비처럼 아름다운 곤충은 뭔가 아름다운 것에서 생겨나고, 혐오스러운 곤충은 불결한 것에서 생겨난다고 생각했습니다. 이런 자연발생설은 200년이 더 지나서야 파스퇴르에 의해 완전히 사라졌습니다. 메리안은 파스퇴르보다 200년 먼저 무려 186종의 서로 다른 곤충의 탄생과 변태 그리고 죽음에 이르는 과정을 상세하게 기록하고 묘사함으로써 자연발생설을 반박할 수 있는 실증적인 증거를 남긴 겁니다. 이때 메리안은 근대 과학 문명이 발달하기 전이며, 여성에게는 정규 교육이 주어지지 않던 시대인 17세기의 여성이 했다고는 믿기 어려운 일을 합니다. 바로 과학적 연구방법을 적용한 것입니다.

메리안은 나비, 나방 등 인시목 곤충의 애벌레들이 특정한 종류의 식물만 먹이로 삼는지 확인하려고 여러 종의 애벌레에게 모두 같은 먹이를 주었습니다. 그러자 특정한 종류의 애벌레는 빨리 자라고, 다른 종류의 애벌레는 늦게 자라거나 굶어 죽기 시작했습니다. 먹이의 종류를 바꿀 때마다 빨리 자라거나 늦게 자라는 애벌레의 종류가 달라졌습니다.

이를 통해 메리안은 인시목 곤충의 애벌레는 한 종류의 식물만 먹이로 삼으며, 따라서 애벌레 시절에 먹는 식물의 종류에 따라 분류할 수 있다는 사실을 밝혀냈습니다.

1679년, 메리안은 180종이 넘는 다양한 곤충과 애벌레 그림, 변태 과정과 분류에 관한 꼼꼼한 설명을 묶어 책을 출간했습니다.

IV. FRAIL FORTUNE.
(fortuna fragilis)

Plant in autumn on a sunny sheltered spot.
Needs deep rich soil. Water well.
Do not prune. Blooms late.
The flowers are extremely fragile.
Cut back above ground level after blooming.
Will perish without warmth the year round.

Publication for mental and vegetal health.

메리안의 발견은 오늘날에도 그대로 적용됩니다. 오늘날 나비나 나방은 흔히 생각하는 것처럼 날개 모양이나 무늬가 아니라 애벌레 시절 먹는 식물의 종류로 분류합니다. 가령 배추나비라고 하면, 나비가 배추를 먹는 게 아니라 애벌레가 배추를 먹는 것입니다.

메리안의 업적은 단지 인시목 곤충을 연구한 데 그치지 않습니다. 먹이사슬, 생태계라는 개념의 기초를 생각해 낸 것입니다. 메리안은 동물이나 식물을 각각 별개의 것으로 취급하지 않고 서로 연결되어 있는 하나의 사슬로 생각했습니다. 예를 들면, 특정한 식물의 생장에 영향을 미치는 날씨의 변화가 단지 그 식물에만 영향을 주는 게 아니라, 이를 매개로 살아가는 다른 동물들에게도 영향을 주는 겁니다. 덕분에 메리안 이후 생물학자들은 동물학과 식물학이 분리된 것이 아니며, 먹이사슬에서 최초 생산자로서 식물의 중요성을 깨닫게 되었습니다.

메리안의 연구 노트는 매우 상세했습니다. 특히 애벌레가 번데기로 바뀌는 과정에 대한 자세한 관찰, 기록, 그리고 사진보다도 정밀하게 그린 스케치들은 오늘날에도 곤충학 연구 방법의 표준으로 받아들여질 정도입니다.

이런 수준의 책을 냈으니 메리안이 뉘른베르크의 자연철학자(이 때는 과학이라는 말을 잘 쓰지 않았습니다)들 사이에서 명성을 떨치며 그들의 모임에 초대받는다고 해도 이상할 게 없었습니다. 메리안은 드디어 요아힘 폰 산드아르트가 운영하는 독일 아카데미에 다니면서 본격적으로 자연철학을 공부할 수 있게 되었습니다.

메리안의 사회 활동이 왕성해질수록 부부 사이는 삐걱거렸지만, 1678년에 둘째 딸 도로테아가 태어나면서 그럭저럭 유지되었습니다.

메리안은 도로테아를 낳고 얼마 지나지 않아 바로 일을 시작했습니다. 그리고 1년 만에 나온 결과물은 유럽 과학계에 충격을 안겼습니다. 그전에 낸 책이 꽃을 그린 삽화집이었다면 이제 본격적으로 학술적인 내용이 담긴 책을 내기 시작한 겁니다.

"이제는 만족하오? 이젠 제발 집에서 아내 노릇을 좀 해 주면 안 되겠소?"

남편의 불만은 점점 커졌고 부부 사이는 점점 냉랭해졌습니다. 메리안을 이해하고 격려한 사람은 남편이 아니라 새아버지 야콥이었습니다. 메리안의 든든한 지원자였던 야콥은 1681년에 세상을 떠납니다. 그러자 메리안은 홀로 남은 어머니를 모신다는 이유로 프랑크푸르트로 돌아갔습니다. 이때부터 부부는 사실상 별거 상태가 되었습니다. 남편의 간섭에서 자유로워진 메리안은 집 밖의 세상뿐 아니라 아예 먼 다른 지방이나 나라까지 여행하면서 견문을 넓히고 식물과 곤충에 대한 자료를 수집했습니다.

그러다 '라바디파'라고 하는 가톨릭의 교파에 매료되어, 프리슬란트에 있는 라바디파 공동체에서 3년간 생활합니다. 어머니와 두 딸은 함께했지만 남편은 없었습니다. 그야말로 여성 3대가 가족을 이루어 생활한 겁니다. 여기서 메리안은 자연사와 함께 라틴어를 공부했습니다. 17세기 유럽에서 라틴어는 같은 시기 우리나라의 한자와 같은 역할을 했습니다. 일상적인 생활은 각 나라의 말, 즉 영어·프랑스어·독일어 등으로 이루어졌지만, 학문은 오직 라틴어로 이루어졌습니다. 철학책이나 과학책 역시 대부분 라틴어로 출판되었습니다.

여성은 상류층조차 정규 교육을 거의 받지 못하고, 남성들도 인구의 대부분이 라틴어는커녕 자국어를 읽고 쓰지 못하던 시절입니다. 여성이 라틴어를 공부하고, 그 목적도 종교가 아니라 철학, 과학 연구라는 것은 한 세기 전만 해도 마녀로 몰려 화형당하기 딱 좋은 행동이었습니다. 그러나 평등주의 공동체를 지향한 라바디파의 교리 덕분에 메리안은 무사히 라틴어를 공부할 수 있었습니다.

남편은 메리안을 데려가기 위해 여러 차례 찾아왔지만, 번번이 거절당하고 쓸쓸하게 발걸음을 돌려야 했습니다. 그러던 중 슬픈 일이 일어났습니다. 1690년, 어머니가 돌아가신 겁니다. 메리안의 남편은 그동안 어머니를 모시느라 고생했다며 이제 가정으로 돌아오라고 연락했지만, 유감스럽게도 큰 착각이었습니다. 메리안이 남편의 곁을 떠난 것은 어머니를 모시기 위해서가 아니라 자연을 관찰하고 연구하는 것을 막는 답답한 굴레를 견디기 힘들었기 때문입니다.

메리안은 남편에게 돌아가는 대신 딸들을 데리고 네덜란드의 암스테르담으로 이주했습니다. 유럽을 넘어 더 넓은 세계의 식물과 곤충을 보고 싶었기 때문입니다. 그러자면 온 세계 상인들과 탐험가들이 들락거리는 암스테르담이 제격이었습니다.

이는 남편과의 관계를 포기했다는 뜻이기도 합니다. 메리안은 전통적인 여성의 역할에 가둘 수 있는 인물이 아니었습니다. 남편보다 유능했고, 남편보다 지적이었으며, 남편보다 유명했습니다. 그런데 단지 남편이라는 이유만으로 우러러보고 순종할 수는 없었습니다. 결국 남편은 1692년에 이혼을 요구합니다.

당시 남성에게 경제적으로 종속되어 있었던 대다수 여성들과 달리 메리안은 이혼을 하면서도 크게 걱정하지 않았습니다. 큰딸 요한나가 암스테르담의 부유한 상인과 결혼했고, 둘째 딸 도로테아와 함께 그리는 화초 정물화의 인기가 상당해서 둘이서 감당하기 어려울 만큼 일이 많아 도제들을 들여야 할 정도였기 때문입니다.

당시 암스테르담은 과학, 예술, 무역의 요충지로 오늘날의 뉴욕과 같은 위상을 가진 도시였습니다. 유럽에서 가장 개방적이고 자유로운 도시였기 때문에 종교적인 탄압을 받기 쉬웠던 철학자, 과학자 들이 자유로운 연구를 위해 몰려오는 도시이기도 했습니다.

메리안은 이들과 교류하면서 과학 지식에 대한 갈증을 풀고 싶어 했습니다. 마침 내과의사이자 해부학자인 프레데릭 러워쉬의 딸 라헬이 그림을 배우러 온 것을 계기로 메리안은 러워쉬와 친분을 맺게 되었습니다. 메리안과 이야기를 나눈 러워쉬는 메리안의 학식과 열정에 깜짝 놀랐습니다.

"메리안 부인. 교양 있는 여성 화가로 생각했는데, 우리 못지않은 과학자이십니다. 우리와 함께하십시다."

당시 암스테르담의 과학자들은 유럽 다른 어떤 지역보다도 편견이나 선입관으로부터 자유로웠습니다. 그래서 메리안은 러위쉬의 소개를 받아 자연스럽게 암스테르담의 과학자 그룹의 일원이 될 수 있었습니다. 메리안은 과학자 그룹의 보기 드문 여성(이른바 홍일점)일 뿐 아니라 성별을 떠나 과학자 사회에서 매우 중요한 인물로 떠올랐습니다. 특히 자연학자(당시에는 생물학과 지질학을 이렇게 불렀습니다)들 사이에서 메리안의 위상은 독보적이었습니다. 메리안의 애벌레 연구는 독일, 네덜란드, 그리고 바다 건너 영국에까지 알려졌습니다.

암스테르담에서도 메리안은 계속 애벌레들을 키웠습니다. 주위의 눈치를 보지 않고 자유로이 집 밖의 들과 숲을 다닐 수 있게 되어서 암스테르담 근교를 탐사하면서 여러 곤충과 식물을 채집하고 관찰했습니다. 이번에는 나비와 나방이 아니라 개미가 주요 연구대상이었습니다.

당시 메리안의 과학자 친구들 중에는 암스테르담 시장이던 니콜라스 비스텐이 있었습니다. 비스텐은 네덜란드 동인도회사의 대표도 겸하고 있어서 그의 집에는 전 세계를 돌아다니던 무역상들이 진귀한 수집품을 들고 찾아오곤 했습니다. 덕분에 비스텐의 집은 박물관이나 다름없었습니다.

비스텐을 찾아온 상인들은 메리안이 유명한 자연학자라는 것을 알고 전 세계에서 수집한 진귀한 식물과 곤충 표본, 동물의 박제 등을 보여 주었습니다. 하지만 메리안은 더 이상 표본이나 박제에 흥미를 느끼지 않았습니다. 대신 메리안의 가슴은 이런 진귀한 동식물을 직접 보고 싶다는 열망으로 불타올랐습니다.

상인이자 수집가인 제임스 페티퍼라는 친구가 먼 나라에서 가져온 생물들의 표본을 선물하자 메리안은 마침내 갑갑하던 자신의 속마음을 털어놓았습니다.

"죽어 있는 표본에는 질렸어요. 살아서 움직이고 변화하는 생물을 보고 싶어요. 내가 연구한 것도 곤충이 애벌레에서부터 성충이 되기까지 자라고 변화하는 과정이었잖아요? 먼 나라의 진귀한 곤충들이 어떻게 발생하고, 퍼지고, 변태하는지 직접 보고 싶어요."

그 무렵 자연학자이자 네덜란드 동인도회사의 자연학 책임자였던 게오르그 에버하르트 룸프가 인도네시아 자연 탐사를 하고 돌아와서 메리안에게 『암본 섬의 호기심 상자*The Amboinese Curiosity Cabinet*』의 삽화를 의뢰했습니다. 동식물 그림에는 당대 최고로 알려져 있었던 메리안은 딸 도로테아와 함께 룸프가 인도네시아에서 수집한 조개, 암석, 화석, 해양생물의 표본을 그리고 정리하면서 룸프의 탐사 과정도 꼼꼼하게 살폈습니다.

이렇게 오지 생물학 탐사 과정과 방법을 배운 메리안은 멀리 떨어진 나라의 생물을 탐사하려는 계획을 구체적으로 세우기 시작합니다. 그리고 마침내 기회가 왔습니다. 1699년, 네덜란드가 새로 획득한 식민지인 남아메리카 수리남 탐사 계획을 발표하고, 탐사단을 모

집한 겁니다. 메리안은 탐사단에 들어가려고 무척 애썼습니다. 하지만 아무리 암스테르담이 개방적이라 해도 대서양 건너 적도 반대편에 있는 열대 우림 탐사에 여성을, 더구나 당시에는 노령에 속하던 오십 대 여성을 고용하려 하지는 않았습니다.

그러나 메리안은 포기하지 않았습니다.

"탐사대에 넣어주지 않는다면 내 돈을 써서 개인 자격으로 가겠어요."

메리안은 이미 라틴어를 공부하고, 과학자들과 어울리고, 들과 숲을 돌아다니며 식물과 곤충을 채집하는 것만으로도 충분히 '별난 여자'라는 눈총을 받았습니다. 그런데 자기 돈을 들여 수천 킬로미터 떨어진 먼 나라까지 남자들로 가득한 탐사선에, 더군다나 이십 대 초반의 딸까지 데리고 생물 탐사 여행을 간다? 온갖 야릇한 상상을 동원한 도덕적 비난이 쏟아졌습니다.

하지만 메리안은 아랑곳하지 않았고, 이 여행에 들어가는 비용을 마련하려고 무려 250점이나 되는 그림을 팔았습니다. 정말 엄청난 열정이 아닐 수 없습니다. 당시 메리안이 쓴 일기를 보면, 그 열망이 얼마나 컸는지 짐작할 수 있습니다.

암스테르담 시장이자 동인도회사의 대표인 니콜라스 비스텐 박사와 암스테르담시 장관인 요나스 비스텐 등 여러 사람의 귀중한 컬렉션을 볼 수 있는 행운을 얻었고, 동인도 및 서인도에서 들어오는 아름다운 동물들을 보고 깜짝 놀랐다. 이 컬렉션 속에서 나는 수많은 새로운 곤충을 찾았다. 하지만 죽어 있는 표본만으로는 그 기원과 번식을 알 수 없었다. 나는 곤충들이 애벌레에서 시작해 어떤 과정의 변태를 거치는지 무척 궁금했다. 결국 이런 물음에 답을 구하려면 직접 그 지역으로 가 볼 수밖에 없었고, 그것이 수리남으로의 긴 여행을 하게 만들었다.

엄청난 비난과 비용을 무릅쓰고 건너간 수리남행. 그곳에서 메리안은 그동안 알려져 있지 않던 수많은 동물과 식물을 발견했습니다. 단지 발견하는 데 그치지 않고, 발견한 동물과 식물의 생활방식, 환경과의 관계, 습성, 그리고 원주민들이 그 동식물을 어떤 용도로 사용하는지도 기록했습니다. 메리안은 열대 개미들이 지역 생태계에 미치는 영향을 밝혀내기도 했습니다. 이렇게 어떤 생물을 그것이 생활하는 환경과의 관계, 즉 생태계라는 관점에서 파악한 생물학자는 그 당시 메리안이 유일했습니다. 또 메리안은 찰스 다윈보다 무려 150년 먼저 여러 개미 종들 간의 생존 경쟁을 상세하게 관찰하고 묘사했습니다.

새로 발견한 동식물에 주로 그리스어나 라틴어로 이름을 붙이는 다른 과학자들과 달리 메리안은 원주민의 언어를 사용해 이름을 붙였습니다. 대부분의 다른 과학자들, 즉 남성 학자들은 진귀한 생물을 발견해도 그 생물이 서식하는 환경, 원주민의 삶과의 관계 등에는 무관심했습니다.

하지만 메리안은 원주민의 삶과 그들의 생활환경에 충분히 공감하며 그 속에서 동식물을 바라보고 관찰했던 겁니다.

이후 메리안은 수리남에서 발견한 동식물을 분류하고 그 특징을 정리하는 문서 작업에 많은 시간을 들였습니다. 물론 오늘날의 사진보다도 세밀한 그림으로도 옮겼습니다. 이때 그린 그림들은 지금도 잘 보존되어 전 세계 애호가들에게 인기가 매우 많은 수집 대상이 되었습니다.

특히 러시아 표트르 황제가 가장 열성적으로 메리안의 작품을 수집해서 지금도 상트페테르부르크에 많이 남아 있습니다.

메리안의 열정적인 탐사 활동은 식민지 관리들을 감동시켰습니다. 그리하여 수리남 총독인 파울루스 반 어 벤과 네덜란드 동인도회사 이사들의 지원을 받게 되었습니다. 정부와 동인도회사의 지원을 받았지만 메리안은 단지 탐사를 위해 수리남에 왔을 뿐, 제국주의 침략에 대해서는 매우 부정적이었습니다. 무엇보다 원주민을 노예처럼 취급하는 것에 분노했습니다. 수리남의 진귀한 동식물, 특히 새로운 과일과 채소를 유럽에 소개할 때는 원주민이 쓰는 말을 그대로 사용해서 그들에 대한 존중을 표했습니다. 이 중 가장 유명한 것이 바로 파인애플입니다. 메리안은 원주민이 부르는 그대로 '아나나스'라고 소개했습니다.

이뿐 아니라 메리안은 원주민들과의 교류로 수리남의 약용 동식물에 대한 방대한 자료도 수집했습니다. 그리고 실제로 이를 응용하여 벌레에 물려 가려울 때 바르는 약을 만들기도 했습니다.

그러나 이렇게 열정적인 탐사 여행은 메리안이 말라리아에 걸리면서 3년 만에 막을 내리고 말았습니다. 건강을 해친 메리안은 1702년에 네덜란드로 돌아가 그동안 수집한 방대한 자료를 정리하는 작업에 몰두했습니다.

이 작업은 3년이나 걸렸고, 마침내 다윈의 『종의 기원』이 나오기전 생물학의 가장 위대한 저술로 꼽히는 『수리남 곤충들의 변태 과정』이라는 책을 출간함으로써 결실을 맺었습니다. 출판사가 나서지 않았지만, 자기 돈을 들여서 출판할 정도로 메리안의 열의는 대단했습니다. 다행히 책이 나오기도 전에 미리 예약한 사람들이 줄을 이으며 출판 비용은 금방 회수되었습니다.

『수리남 곤충들의 변태 과정』은 아메리카 대륙의 자연을 다룬 책가운데 가장 독창적이라는 평가를 받으며 큰 인기를 끌었습니다. 네덜란드뿐 아니라 독일어, 프랑스어, 라틴어로도 출판되었습니다.

이렇게 잠시도 쉬지 않고 연구와 저술 활동을 하던 메리안은 1715년에 뇌졸증으로 쓰러져 반신불수가 되고 말았습니다. 하지만 반신불수 상태에서도 그림과 저술 활동을 멈추지 않았고 1717년 일흔 살에 눈을 감기 직전까지도 일을 했다고 합니다.

과학자들에게 가장 큰 영광은 무엇일까요? 자기 이름이 붙은 발견이나, 발명을 남기는 것입니다. 천문학자라면 자기 이름이 붙은 별,

물리학자나 화학자라면 자기 이름이 붙은 법칙이나 원소, 생물학자라면 생물의 학명에 자기 이름을 붙이는 것이죠.

생물의 학명에 대해 알아봅시다. 학명은 수많은 생물을 체계적으로 분류한 스웨덴의 생물학자 린네가 고안한 것으로 생물의 이름을 종명specific name-속명generic name-사람 이름(발견자나 처음 명명하는 사람)으로 부르는 것입니다. 생물학자 중 이 학명에 가장 많이 이름을 남긴 학자는 다름 아닌 린네 본인입니다. 예를 들어 우리가 매일 먹는 쌀의 학명은 Oryza sativa Linne입니다.

메리안 역시 여러 종류의 나비, 나방, 풀 등에 자신의 이름을 남겼습니다. Opsiphanes cassina merianae, Erinnyis merianae, Plisthenes merianae 등. 가장 최근인 2018년에는 희귀종 나비 하나가 메리안의 가운데 이름인 시빌라에서 따온 Catasticta sibyllae라는 학명을 받았습니다.

하지만 메리안은 이렇게 생물 학명에 이름을 남기는 정도로는 터무니없는 푸대접이라고 느껴질 정도로 위대한 과학자입니다. 애당초 이런 린네의 생물 분류 방식을 먼저 시도한 인물이 메리안입니다. 만약 메리안이 남자였다면, 그래서 대학을 다니고 정식 과학자로 활동했다면(그 당시에는 남자만 대학교육을 받았습니다) 과학 교과서에서 생물 분류학의 선구자로 영광을 누렸을 것입니다. 그런데 그동안 메리안의 이름을 교과서나 과학사 책, 위인전 등에서 만나 보기 어려웠던 것은 결국 여자라는 이유로 폄하되었기 때문입니다.

또 다른 비교 대상이 있습니다. 파브르입니다. 청소년 필독서에 반드시 올라가는『파브르 곤충기』는 읽어 보지는 못했을지언정 제목만큼은 다들 들어본 책입니다. 그리고 우리는 이 책의 지은이인 파브르를 곤충학의 대가로 알고 있습니다. 곤충 하면 파브르를 떠올린다 해도 과언이 아닐 정도입니다.

물론 파브르는 위대한 업적을 남겼습니다. 하찮은 벌레로 여기던 곤충을 꼼꼼하게 관찰하고, 그 결과를 세밀하게 기록했을 뿐 아니라 예술성까지 갖춘 책으로 남기는 일은 아무나 할 수 있는 일이 아니니까요.

하지만 메리안은 그 일을 파브르보다 무려 150년 전에 했습니다. 더구나 주로 프랑스 안에서 연구한 파브르와 달리 저 멀리 대서양 건너 남아메리카까지 건너가서 수많은 곤충과 식물을 연구하고 분류하고 사진보다 정밀한 그림까지 남겼습니다. 그렇다면 적어도 파브르 정도의 인정을 받고 위인전에 이름이 올라갔어야 마땅하지 않을까요? 왜 세상을 떠난 지 300년이 훌쩍 지난 지금에 와서야 그 업적에 어울리는 대접을 받기 시작한 것일까요?

여성의 권리가 높아지면서 메리안의 업적도 뒤늦게 정당한 평가를 받게 되었기 때문입니다.

메리안의 업적은 1975년 이후에야 대중에게 알려졌습니다. 자연스럽게 작품들이 재평가되고, 책이 다시 출간되었습니다. 그리고 1990년에는 독일 마르크의 화폐 인물이 됨으로써 비로소 정당한 대접을 받게 되었습니다.

독일의 유명 음반사 도이체 그라모폰은 새로운 모차르트 피아노 곡 음반 레이블에 메리안이 그린 꽃 그림을 사용했고, 구글은 2013년 4월 2일, 검색창을 메리안의 그림들로 꾸며 366번째 생일을 기념했습니다.

클라라!

지금이 작곡가로 성장하는 데 아주 중요한 시기요.

부지런히 곡을 한번 써 보는 게 어떻겠소?

.....

응애~ 응애~!

우당탕~

쿵쿵쿵~

ZZZZ ZZ

쿨럭~

휴우~!

쇼팽보다 쇼팽을, 브람스보다 브람스를 더 잘 친 피아니스트

천재 음악가
클라라 슈만

Clara Josephine Wieck Schumann
1819~1896

우리 속담에 '여자 팔자는 뒤웅박 팔자'라는 말이 있습니다. 그리 좋은 말은 아닙니다. 여자는 결국 남편이 누구냐에 따라 운명이 정해진다는 뜻이니까요. 아무리 뛰어난 여성이라도 못난 남편을 만나면 못난 사람이 되고, 아무리 형편없는 여성이라도 훌륭한 남편을 만나면 귀부인이 됩니다. 물론 패자 부활전이 있습니다. 바로 아들이죠. 이래저래 여성의 가치는 남성에 의해 결정됩니다. 이게 근대 이전 아니, 근대 이후에도 계속된 여성의 운명이었습니다. 유교문화권뿐 아니라 유럽이나 미국도 별다르지 않았습니다. 20세기 후반까지도요.

　운이 좋아 훌륭한 남편을 만나더라도 뒤웅박 팔자는 달라지지 않

독일 낭만주의 음악의 거장들 사이에서도 빛을 잃지 않는 음악가였던 클라라 슈만

습니다. 본인이 아무리 훌륭하더라도 늘 훌륭한 남편의 그림자 이상의 평가를 받지 못하니까요. 독일 100마르크 지폐의 주인공인 위대한 음악가 클라라 슈만처럼 말이죠.

　지난 2019년은 클라라 슈만 탄생 200주년이라 독일에서 성대한 기념행사가 열렸습니다. 그런데 탄생 100주년이었던 1919년에는 별다른 행사가 없었습니다. 오히려 9년 전인 1910년에 남편인 로베르트 슈만 탄생 100주년 행사가 성대하게 열렸습니다. 그리고 클라라 슈만은 거기에 같이 포함되어 '로베르트와 클라라 슈만 부부'로 기념되었습니다. 그러니까 최근에야 이렇게 평가가 달라진 겁니다.

세상을 떠난 지 오래됐으니 그사이에 새로운 업적이 나왔을 리는 만무합니다. 100년 사이에 같은 업적을 두고 평가가 달라진 것이죠. 이전까지는 클라라 슈만의 업적이 과소평가되었다가 이제야 정당한 평가를 받게 된 겁니다. 그럼 1919년부터 2019년 사이에 어떤 일이 있었기에 평가가 달라졌을까요?

지난 100년은 여성의 권리가 계속 높아지던 시대였습니다. 믿기 어렵겠지만 1900년대 초까지만 해도 미국이나 영국 같은 나라에서 여성은 투표권이 없었습니다. 미국은 1920년, 영국은 1928년에서야 모든 여성에게 참정권이 주어졌습니다. 또한 1960년대까지만 해도 여성에게는 사실상 직업 선택의 기회조차 주어지지 않았습니다. 가정주부 아니면 비정규직 일자리뿐이었죠. 물론 이 문제는 아직도 해결되지 않았습니다. 여전히 능력 있는 여성이 같은 수준 혹은 그보다 무능한 남성보다 낮은 평가를 받는 현상이 남아 있으니까요.

클라라 슈만은 이름에서 짐작할 수 있듯이, 독일 낭만주의 음악을 대표하는 작곡가 로베르트 슈만의 부인입니다. 클라라는 로베르트 슈만의 부인이 아니었어도 얼마든지 자신의 능력만으로 음악사에 한 획을 그을 수 있는 인물이었습니다. 그럼에도 클라라는 오랫동안 남편과 제자의 부록처럼 취급되었습니다. 로베르트 슈만의 아내로서, 요하네스 브람스의 스승 혹은 짝사랑 상대로서.

클라라는 이름만으로도 숨막히는 무게감이 느껴지는 이 거장들 사이에서 전혀 빛을 잃지 않는 음악가였습니다. 슈만도 브람스도 이를 인정했습니다. 슈만과 자주 어울렸던 다른 음악가들인 멘델스존, 쇼팽, 베를리오스, 리스트 등도 클라라를 슈만의 부인으로 대접하지 않고, 오롯이 천재 음악가 클라라로 대우했습니다.

만약 클라라가 남성으로 태어났다면 클라라는 이들 못지 않은 작품들을 남겼을 것이며, 이들과 비슷한 비중으로 음악 교과서에 기록되었을 겁니다. 비록 2019년에 클라라 슈만 탄생 200주년을 성대히 기념하고 화폐에도 얼굴을 올렸지만, 아직까지도 클라라 슈만의 이름이 구글에서 가장 많이 검색된 해는 본인의 탄생 200주년인 2019년이 아니라 로베르트 슈만의 탄생 200주년인 2010년이었습니다.

클라라 슈만은 1819년에 유명한 음악 교사였던 프리드리히 비크(이하 비크)와 성악가 마리안네 트롬리츠 사이에서 둘째로 태어났습니다. 원래 이름은 클라라 요세피네 비크입니다.

아버지 비크는 젊은 시절 당대 최고의 작곡가 중 한 사람이었던 칼 마리아 폰 베버로부터 인정받았던 재능 있는 음악가였습니다. 물

클라라 슈만과 로베르트 슈만. 법학을 공부하던 로베르트 슈만은
음악 신동으로 명성을 떨치던 클라라의 연주를 듣고 음악가의 길로
들어섰습니다.

론 베버가 진심으로 감탄해서 인정한 것인지, 예의상 한 말인지는 모르겠지만 말입니다. 그런데 아무래도 후자 같습니다.

"아, 베버 선생이 나를 인정했어!"

이렇게 흥분해서 자신을 음악 천재들의 판테온에 집어넣을 꿈 같은 것은 꾸지 않았으니까요.

사실 음악계라는 곳이 워낙 천재들의 놀이터인데다, 19세기 초반은 더 그랬습니다. 모차르트와 베토벤의 위대한 성공은 미켈란젤로, 라파엘로 시절 미술계에서 그랬던 것처럼 전 유럽의 재능 있는 젊은 이들을 음악으로 빨아들였습니다. 너도나도 음악가로 성공하겠다고 나섰습니다. 그러니 어릴 때 신동 소리 들어 보고, 젊을 때 거장의 칭찬 한마디 들어 본 음악가는 발에 걸어 차일 정도로 많았습니다. 비크는 자신 역시 그들 중 하나일 뿐이며, 진짜 천재와 겨룰 수준이 아니라는 것을 금방 알아차렸습니다. 그래서 피아니스트나 작곡가로서의 활동을 포기하고 음악 교사로 진로를 바꿔 교육에 전념했습니다. 결과적으로 현명한 선택이었습니다. 유명한 음악가가 틈틈이 하는 레슨보다 연주자의 성격과 심리 상태까지 고려해 체계적이고 치밀하게 이루어지는 비크의 레슨은 효과가 뛰어나 학생들이 몰려들었고, 비크는 꽤 넉넉한 생활을 누릴 수 있었습니다.

그런데 그런 비크를 설레게 하는 일이 일어났습니다. 다섯 살밖에 안 되는 딸 클라라가 피아노를 제법 그럴듯하게 연주하는 겁니다. 이미 그럴 조짐은 있었습니다. 말을 하기도 전에 피아노 음계를 먼저 익힐 정도였으니까요.

'설마 내 딸이 신동?'

순간 비크의 머릿속에 모차르트의 아버지 레오폴드 모차르트가 떠올랐습니다. 신동이었던 아들 덕분에 유럽을 돌아다니며 연주여행을 하고, 그 명성을 바탕으로 음악 교육자로도 성공했던 레오폴드 모차르트. 무엇보다도 돈을 많이 벌었지요.

마침 클라라는 용모도 예쁘장하고 매력적이었습니다. 비크는 클라라를 음악 신동으로 키워 온 유럽에 명성을 떨칠 계획을 세우기 시작했습니다. 그래서 자신의 모든 교육 능력을 클라라에게 쏟아붓기로 했습니다. 실제로 비크는 음악 교사로서 상당히 유능했습니다.

그런데 비크는 매우 억압적인 가부장이었으며, 부인과 자녀를 숨막힐 정도로 통제했습니다. 음악 교육 역시 겉으로는 루소와 페스탈로치의 영향을 받은 것처럼 굴었지만, 실제로는 입시학원에 가까웠다고 할까요? 매우 강압적이고 권위적이었으며 엄청난 노력을 요구했습니다.

특히 많은 기대와 희망을 걸고 있었던 클라라의 교육은 학대에 가까울 정도였습니다. 클라라는 다섯 살 때부터 피아노를 배우기 시작했는데, 피아노뿐 아니라 바이올린, 성악, 작곡, 대위법, 화성학 등 음악의 거의 모든 분야를 다 배워야 했습니다. 매일 레슨 시간만 4시간이 넘었습니다. 레슨을 받았으면 그 시간만큼 연습도 해야 했습니다. 어린 소녀가 하루 8시간씩 레슨과 연습을 하고, 음악 이론을 공부했던 것입니다.

어린 클라라에게는 너무 힘든 일이었지만, 비크는 인정사정없이 이 일정을 강요했습니다. 비크는 일단 목표를 세우면 성난 불길처럼 돌아보지 않고 밀어붙이는 성격이었고, 매사를 철저하게 짜여진 계획대로 수행하는 빈틈없는 사람이었습니다.

제자들이야 비크의 이런 냉혹하고 저돌적인 성격을 수업 시간에만 견디면 됐지만, 가족들은 그럴 수 없었습니다. 클라라의 부모는 끊임없이 다투다 결국 1825년에 이혼 서류에 서명합니다. 클라라가 여섯 살 때의 일입니다. 엄마를 잃은 어린 클라라에 대한 동정이나 배려는 없었습니다. 비크의 무지막지한 영재 교육은 계속되었습니다.

그렇게 몇 년간 엄격한 교육과 연습 끝에 클라라는 아홉 살이라는 어린 나이로 연주회에 데뷔합니다. 라이프치히를 대표하는 유서 깊은 공연장이며 지금도 세계적인 음악당으로 남아 있는 게반트하우스에서 말이죠. 연주회는 성공적이었습니다.

신동으로 이름을 떨치던 클라라의 인생에 매우 중요한 순간이 다가왔습니다. 라이프치히 정신병원 원장이었던 에른스트 카루스가 젊은 음악가들을 위해 개최한 음악회였습니다. 클라라는 다른 이십 대 음악가들과 어깨를 나란히 하며 연주했고, 엄청난 찬사와 박수를 받았습니다.

경이로운 천재 소녀 주변에 마치 요즘 걸그룹 스타처럼 젊은이들이 모여들었습니다. 당시는 낭만주의가 한창 피어오르던 시기라 천재 숭배가 유행이었고, 재능은 물론 미모까지 갖춘 클라라는 그런 천재 숭배자들을 끌어들일 만했습니다. 그 찬미자들 중 한 사람이 바로 로베르트 슈만이었습니다.

당시 슈만은 라이프치히 법과대학 학생이었습니다. 어릴 때부터 음악에 재능을 보여 피아노도 수준급으로 연주하고 작곡도 제법 했지만, 집안의 반대로 음악가의 길을 가지 못하고 전형적인 진로를 밟아야 했습니다. 바로 법과대학을 졸업한 뒤 변호사나 관리가 되는 것 말입니다.

당시 슈만은 적성에 맞지 않는 법과대학을 억지로 고통스럽게 다니고 있었습니다. 어머니를 거역할 수 없어 자퇴하지 않고 견딜 뿐이었습니다. 그러다 보니 '하라는 공부는 안 하고' 시인, 음악가 들과 어울리면서 방탕하게 젊은 시절을 보내고 있었습니다. 슈만의 마음속에는 자유로운 예술가의 삶에 대한 동경과 부모에 대한 의무 사이의 갈등이 자리잡고 있었습니다. 그렇게 청춘을 고민 속에 보내고 있던 슈만에게 이 어린 소녀, 클라라의 연주는 큰 충격이었습니다.

"아, 내가 음악을 떠나 살 수 있다고 믿었단 말인가? 이 아름답고도 신성한 전율 없는 삶이 나에게 무슨 의미가 있단 말인가? 더 고민하지 말자. 앞날을 걱정하지 말자."

슈만의 가슴에 그동안 억누르고 있던 음악에 대한 열정이 다시 불타올랐습니다. 동경과 의무 사이의 갈등은 끝났습니다. 워낙 불같은 성격을 타고난 슈만은 더 이상 시간을 끌지 않고 그길로 고향으로 돌아가 어머니와 담판을 지었습니다. 그리고 라이프치히로 돌아와 지긋지긋한 법과대학을 자퇴하고 스무 살이 넘은 늦은 나이에 본격적인 음악 공부를 시작했습니다. 슈만이 고른 음악 선생은 당연한 선택이지만 클라라의 아버지 비크였습니다.

비크는 슈만을 제자로 받아들이는 것을 매우 반겼습니다. 반기는 정도가 아니라 아예 가족처럼 데리고 살았습니다. 당시 비크의 주요 소득원은 부유한 귀족이나 부르주아의 딸들을 가르치는 것이었는데, 슈만은 고객 유치와 관리에 꽤 도움이 되었습니다. 슈만은 직업 음악가에게 부족하기 쉬운 철학, 문학, 역사 등 인문학적 소양이 매우 높아서 아가씨들 사이에서 꽤 인기가 많았습니다.

말하자면 슈만은 비크의 제자로 있으면서 보조 교사 및 인문학 강사 역할을 했습니다. 물론 피아노와 작곡도 부지런히 공부했습니다. 특히 남들보다 뒤늦게 시작한 음악인 만큼 시간을 따라잡기 위해 매우 무모하게 보일 정도로 연습했습니다.

당시 열한 살밖에 되지 않은 클라라를 슈만은 연애 상대로 보지 않았지만, 둘 사이는 매우 친밀했습니다. 오빠가 없었던 클라라가 슈만을 오빠로 생각하며 따랐기 때문입니다. 가혹한 음악 수업을 받느라 삶의 다양한 경험, 세상의 여러 재미있는 이야기 등에 갈증을 느꼈던 클라라에게 지적이며 교양이 풍부한 슈만은 굉장한 동경의 대상이자 가장 신뢰할 만한 스승이었습니다. 이때부터 클라라는 슈만의 판단을 절대적으로 신뢰하고 존경하는 버릇이 생겼고, 그런 성향은 평생토록 계속되었습니다. 어쨌든 슈만 덕분에 클라라가 음악에만 치우치지 않고 균형 잡힌 교양인으로 성장할 수 있었던 것만은 분명합니다.

그러는 동안 클라라의 경력은 점점 더 화려해졌습니다. 열두 살이던 1831년부터 1년가량 파리를 비롯한 유럽의 도시를 돌면서 콘서트 투어를 했습니다. 물론 이는 아버지 비크의 계획이었고, 모든 일정은 비크가 관리했습니다. 클라라는 가는 곳마다 극찬을 받았습니다.

바이마르에서는 괴테의 극찬과 함께 기념 메달도 받았습니다. 괴테는 모차르트의 신동 시절 연주를 직접 들었던 사람인 만큼 감회가 새로웠을 겁니다. 당대 최고의 바이올리니스트이자 낭만주의의 선구적인 작곡가인 파가니니도 클라라에게 극찬을 퍼부었습니다. 당시 파가니니는 음악계에서 신이라 불릴 정도의 위상을 가지고 있었기 때문에 이 만남을 계기로 클라라는 신동에서 천재 피아니스트로 위상이 바뀌게 되었습니다.

이 당시 슈만이 클라라에게 느꼈던 감정은 일종의 선망이나 질투, 그리고 누이동생을 바라보는 듯한 친밀감이었습니다. 나이는 슈만이 아홉 살이나 많았지만, 전문 음악가로서의 경력은 한참 후배인 만큼 클라라는 슈만이 빨리 따라잡고 싶은 목표가 되었습니다. 그러나 슈만은 오른손 검지와 중지에 장애가 생겨 피아니스트로 성공하려던 야심을 접고 작곡가와 비평가로 방향을 틀었습니다.

이 무렵 사춘기에 접어든 클라라는 슈만을 단지 아는 것 많고 이

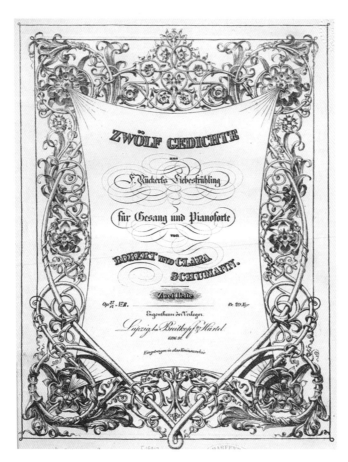

뛰어난 작곡가이기도 했던 클라라는 남편 슈만과 함께 독일의 시인
프리드리히 뤼케르트의 시를 바탕으로 다수의 곡을 남겼습니다.
이 작곡집에는 클라라가 작곡한 열두 번째 곡(op.12)이 담겼습니다.

야기 잘하는 오빠 이상으로 바라보고 있었습니다. 사랑에 빠진 것이죠. 하지만 안타깝게도 짝사랑이었습니다.

1834년 4월, 보헤미아의 아슈 지방에 살고 있는 폰 프리켄 남작의 딸 에르네스티네 폰 프리켄이 라이프치히를 방문했습니다. 비크에게 음악 특강을 받기 위해서였습니다. 비크 음악원의 교사 역할을 하고 있었던 슈만 역시 에르네스티네를 가르쳤는데, 두 사람 사이에서 순식간에 사랑의 불길이 타올랐습니다.

클라라는 에르네스티네를 많이 질투했지만 슈만은 거의 눈치채지 못했습니다. 당시 슈만은 클라라를 어린 여동생 정도로 느꼈기 때문입니다.

넉 달 뒤, 에르네스티네가 아버지와 아슈로 돌아간 뒤 슈만과 에르네스티네는 수많은 연애편지를 주고받았고, 어느새 혼담까지 오가게 되었습니다. 비크는 두 손 들어 환영했습니다. 제자가 귀족의 사위가 되는 게 무척 반가웠을 겁니다. 그만큼 또 인맥이 넓어질 테니까요.

하지만 클라라는 두 사람 사이에 혼담이 오가는 것을 힘들게 바라보았습니다. 클라라는 슈만의 작품을 연주하면서 마음을 달랬습니다. 그리고 슈만과 음악을 매개로 많은 편지를 주고받았는데, 이 무렵 제법 많은 작품을 작곡하기도 했습니다. 클라라는 짝사랑의 아픔을 작품으로 승화시키는 예술가로 성장하고 있었습니다.

그런데 슈만과 에르네스티네의 혼담이 취소되었습니다. 그 까닭에 대해서 여러 가지 설이 있지만 아마도 에르네스티네가 남작의 양녀라는 사실 때문이 아닐까 싶습니다. 슈만은 야심 많은 청년이었습니다. 같은 또래 음악가들인 멘델스존, 쇼팽, 리스트는 물론 한참 어린 클라라보다도 늦게 음악을 시작했고 손가락마저 다치는 바람에 오직 작곡과 비평만으로 승부를 보아야 할 처지였습니다. 빠른 성공을 바라던 슈만에게 상속권을 인정받지 못하는 에르네스티네와의 결혼은 고민스러웠을 겁니다. 실제로 슈만은 나중에 에르네스티네에 대한 죄책감을 고백한 적도 있습니다.

에르네스티네의 불행은 클라라에게는 행운이 되었습니다. 이제 클라라는 당당하게 자신의 감정을 드러냈습니다. 낭만주의 음악가답게. '난 너를 누이동생처럼 생각한단다'라는 대답이 나올까 봐 조마조마했지만 뜻밖에도 슈만은 그런 클라라의 마음을 받아들였습니다. 클라라가 단 몇 달 만에 갑자기 성숙한 탓일까요? 아니면 이미 슈만이 클라라에게 이전과 다른 감정을 느끼고 있었고, 그래서 에르네스티네와 멀어진 것일까요?

한 가지 확실한 사실은 클라라는 에르네스티네가 가지지 못한 막강한 지참금을 가지고 있었다는 것입니다. 돈이 아닙니다. 음악가로 빨리 성공하고 싶었던 슈만에게 돈보다 더 가치 있는 것, 당대 최고의 피아니스트로 성장하고 있던 클라라 자신입니다.

손가락을 다쳐 자신의 작품을 연주할 수 없는 슈만이 유명해지는 길은 다른 피아니스트가 연주회에서 슈만의 작품을 연주해 주는 것입니다. 그 피아니스트는 당연히 뛰어난 연주자여야 하고 인기도 많아야 합니다.

그 무렵 유명 피아니스트는 멘델스존, 쇼팽, 리스트 등이었습니다. 모두 슈만과 친구였지만 동시에 뛰어난 작곡가였기 때문에 자기 작품 연주하기도 바빴습니다. 의리로 한두 곡 정도 연주해 줄 수 있을지는 몰라도 슈만의 작품을 중심으로 하는 연주회를 열지는 않았을 겁니다. 하지만 슈만을 존경하고 이제는 사랑에 빠진 클라라라면 기꺼이 슈만의 작품 위주로 연주회 프로그램을 꾸미지 않았을까요? 게다가 유럽 음악계는 물론, 사교계에서도 유명인사인 클라라의 남편 자격으로 인맥도 넓힐 수 있고요. 이보다 더 큰 지참금이 있을까요?

1837년부터 1839년까지 오스트리아의 빈에서 여러 차례 개최한 클라라의 독주회는 모두 매진되었습니다. 평론가들은 극찬을 쏟아부었습니다. 소중하게 간직하고 있던 슈베르트의 친필 악보를 "위대한 예술가의 유품은 마땅히 가질 만한 자격을 가진 사람에게 가야 한다"라고 하면서 '위대한 예술가 클라라 비크에게'라는 문구를 적어서 바친 애호가도 있었습니다.

쇼팽도 클라라의 연주를 듣고 큰 감동을 받았고, 미친 듯이 찬사를 퍼부었습니다. 그걸로도 모자라 그 감동을 편지로 적어 리스트에게 보냈습니다. 이로써 리스트 역시 클라라에게 많은 관심을 가지게 되었습니다. 클라라는 이미 멘델스존과는 잘 알고 지내던 사이였기 때문에 당시 유럽 음악계의 삼두마차라 할 수 있던 멘델스존, 쇼팽,

리스트를 모두 팬으로 만들었습니다. 이들은 흔히 슈만의 친구들로 알려져 있지만, 사실은 슈만 이전에 클라라의 친구였습니다. 클라라를 통하지 않았다면 시골의 늦깎이 음악가 지망생이었던 슈만은 이들과 만나지도 못했을 겁니다.

오스트리아 황실은 클라라에게 '오스트리아 황실 실내악 거장 Royal and Imperial Austrian Chamber Virtuoso'이라는 칭호를 내렸습니다. 당시 음악가가 받을 수 있는 최고의 영예였습니다. 모차르트조차 서른네 살이나 되어서야 받은 칭호를 클라라는 열아홉 살에 받았습니다.

당시 클라라의 인기가 어느 정도였냐 하면, 빈의 카페들 중에 클라라 비크라는 이름의 디저트를 판매하는 곳이 있었고, 클라라의 연주회가 있는 날이면 경찰들이 나와서 군중을 정리해야만 했습니다. 오늘날의 아이돌 스타 그 이상이었죠.

이런 것을 노렸건 순수한 마음이었건 어쨌든 슈만에게 클라라는 더 이상 아홉 살 어린 여동생이 아닌 결혼 상대가 되었습니다. 연인으로 발전한 두 사람은 남몰래 몇 년간 사랑을 키웠습니다.

비크는 이 사실을 까맣게 모르고 있다가 오스트리아 투어가 끝난 다음에야 알았습니다. 클라라는 아버지에게 관계를 털어놓았고, 슈만은 정식으로 청혼을 했습니다.

비크는 절대로 허락할 수 없다며 노발대발했습니다. 애걸복걸해도 비크의 대답은 한결같았습니다. 이유는 계속 바뀌었는데, 대체로 다음과 같은 것들이었습니다.

"클라라, 네 위치를 생각해 봐. 너는 지금 유럽 음악계 최고 유망주다. 아무런 미래도 보이지 않는 무명 작곡가와는 어울리지 않아."

클라라는 이렇게 항변했습니다.

"아버지는 저를 유럽 음악계 최고 유망주라고 하시면서 제 안목은 믿지 못하시네요. 맞아요. 최고 유망주인 제가 볼 때, 슈만은 모차르트와 베토벤처럼 역사에 이름을 남기는 위대한 음악가가 될 거예요."

사랑에 빠진 소녀가 눈에 콩깍지가 씌어서 하는 말이 아니었습니다. 클라라는 예술가로서의 자의식이 강했습니다. 슈만의 음악에 대한 평가는 사랑에 빠진 소녀가 아니라 예술가의 감식안으로 한 것입니다. 아무리 사랑하는 사람이라도 작품이 훌륭하지 않았다면, 클라라는 결코 그 작품을 연주하지도 거들떠보지도 않았을 겁니다. 실제로 이 무렵은 슈만에게 '피아노의 해'라고 불리던 시기였으며, 그때 슈만이 작곡한 피아노 독주곡들은 지금도 음악사를 빛내는 최고의 걸작들입니다.

클라라가 하고 싶은 말은 또 있었습니다.

"아버지는 저를 당신의 학생이자 훈련시켜야 할 대상으로만 보았습니다. 당신이 짜 놓은 계획에 따라 배우고 연습하는 게 전부라고 하셨죠. 하지만 슈만 씨는 저에게 상상력과 창조의 세계를 보여 주었어요. 배우고 연습하는 대신 느끼고 생각하는 예술의 세계를 말이죠."

클라라는 음악뿐 아니라 문학, 철학 등 인문학적 소양이 뛰어난 슈만을 만나면서 비로소 레슨과 연습으로만 일관된 그동안의 삶이 예술가와 동떨어져 있는 것임을 깨달았습니다. 비크는 클라라가 위대한 피아니스트로 성장한 것이 자신의 철저한 레슨 덕분이라고 생각했겠지만, 실제로 클라라가 음악을 느끼고 시적인 정서를 입힐 수 있는 감수성을 기른 것은 비크의 레슨이 아니라 슈만과의 만남 덕분이었습니다.

클라라가 입장을 굽히지 않자 비크는 그다음 이유를 댔습니다. 어쩌면 가장 현실적인 이유일지도 모르겠습니다.

"그 녀석은 가난뱅이에 앞으로도 큰돈을 벌 가망이 없다. 오직 재산을 노리고 청혼하는 거야. 봐라. 에르네스티네가 빈털터리라는 것을 알자 바로 돌아서지 않았느냐? 슈만은 그런 녀석이야."

하지만 클라라는 이 또한 인정하지 않았습니다.

"슈만 씨가 부유하지는 않지만 그렇다고 가난뱅이라고는 할 수 없어요. 무대에서 화려하게 연주하는 멘델스존이나 리스트 같은 분들처럼 많은 돈을 벌지는 못하더라도 곡을 쓰고, 시나 평론을 써서 소박하게 가정을 꾸리는 데는 아무 문제가 없어요. 큰돈이 필요하면 제가 연주회를 하면 되고요. 여자 혼자 연주 여행을 다니는 게 문제라면, 지금까지는 아버지와 같이 다녔지만 앞으로는 남편과 같이 다니는 것뿐이에요. 달라질 건 아무것도 없어요."

"클라라, 넌 이제 막 유럽 음악계의 정상에 오를 수 있는 걸음을 내디뎠다. 여기서 멈출 셈이냐? 그저 누군가의 아내, 누군가의 어머니로 살아갈 셈이냐?"

하지만 클라라는 이 문제에 대해서도 자신이 있었습니다.

"결혼한다고 꼭 음악을 접어야 하나요? 저는 결혼한 다음에도 계속 연주할 거예요. 작곡도 할 거고요."

"그건 네가 아직 철이 없어서 하는 말이다. 막상 결혼해서 살림을 꾸리고 아이라도 낳아 봐라. 과연 그럴 틈이 날지."

"걱정 마세요. 슈만 씨가 도와줄 거예요."

클라라는 결혼하더라도 음악가로서의 활동을 계속할 생각이었고, 슈만도 적극 찬성이었습니다. 하지만 이 부분만큼은 비크가 옳았습니다.

클라라는 스무 살도 되기 전에 이미 유럽 최고의 피아니스트가 되었고, 심지어 그건 경력의 정점이 아니라 시작이었습니다. 클라라는 앞으로 그 경력이 얼마나 더 뻗어 나갈지 아무도 모르는 무한한 가능성을 품고 있었습니다. 문제는 그때가 19세기라는 것입니다. 당시 여성은 남성에 속한 존재로 여겨졌습니다. 심한 경우, 남성의 재산 취급을 당했습니다. 결혼하기 전에는 아버지의 것이며, 결혼한 다음에는 남편의 것으로 말입니다. 그래서 결혼하기 전에 얻은 모든 재산과 영예는 결혼과 동시에 모두 남편의 소유가 되는 겁니다. 지금까지 비크의 딸 클라라로 누린 영광이 이제 슈만의 아내 클라라로 바뀌는 것입니다. 어떤 남성에게도 속하지 않은 독립된 음악가로서 클라라를 받아들이는 세상이 아니었습니다. 그러니 비크는 사실 클라라의 경력을 걱정하는 게 아니었습니다.

비크 역시 클라라가 결혼한 다음에도 음악가로 계속 활동할 것이라는 것, 그리고 슈만이 반대하지 않고 오히려 클라라를 지지하고 지원하리라는 것을 잘 알고 있었습니다. 문제는 그렇게 해서 누리게 될 클라라의 막대한 소득과 영광이 자기가 아니라 슈만의 몫이 된다는 것, 즉 그동안 많은 시간과 비용을 들여 클라라를 여기까지 올려놓았는데, 그 열매를 맺기가 무섭게 슈만이라는 엉뚱한 놈이 가져가게 되었다는 것이죠. 클라라 역시 아버지의 그런 속내를 알고 있었을 겁니다.

비크는 마침내 최후의 카드를 꺼냈습니다.

클라라가 스무 살이 되지 않았으니 자신의 허락 없이 절대 결혼할 수 없다는 것이었습니다. 결국 클라라와 슈만은 두 사람이 합의한 결혼이므로 정당한 사유 없이 일방적으로 반대할 수 없다며 소송을 제기했습니다.

장인과 사위 간에 벌어진 이 볼썽사나운 재판은 2년을 끌다가, 클라라의 나이가 스무 살이 되어서야 끝났습니다. 클라라가 스스로 남편을 선택할 수 있는 나이가 다가오자, 그때까지 계속 법정 다툼을 한다는 게 남사스러워 비크가 양보한 것이죠. 그렇지 않아도 유럽 음악계의 스타인 클라라의 결혼을 놓고 벌어지는 이 재판은 계속해서 이야깃거리가 되고 있는 중이었습니다.

마침내 비크의 딸 클라라 비크는 슈만의 아내 클라라 슈만이 되었습니다. 이때부터 클라라와 슈만은 일상생활뿐 아니라 음악 활동도 함께하는 커플이 되었습니다.

그토록 꿈꾸었던 결혼식 날, 슈만은 클라라에게 공책 하나를 건넸습니다.

"이건 우리가 함께 채워 나갈 인생의 이야기입니다."

"그리고 예술의 이야기이기도 하지요."

"물론이죠, 클라라. 당신과 내가 함께 써 나갈 자서전이 될 겁니다."

실제로 두 사람은 이 공동 일기장을 꾸준히 채워 나갔습니다. 이 일기장 덕분에 우리는 클라라가 결혼 후에도, 계속되는 임신과 출산 이후에도 예술가로서의 열망과 성취를 단 한 번도 내려놓지 않았음을 확인할 수 있습니다.

슈만은 클라라가 주부(아내와 어머니)에 머무르지 않고 예술가로 계속 성장하는 것을 지지하고 격려했습니다. 문제는 다만 지지하고 격려만 했다는 겁니다. 오늘날에도 반복되고 있는 문제죠. 아내가 어떤 분야에 탁월한 재능을 발휘하고 있을 때, 그리하여 주부에 머무르지 않고 그 분야의 전문가로 활약하고자 할 때 남편은 그 활동을 지지하고 격려해 주기만 할 뿐 육아 및 가사노동 분담에는 소극적입니다. 그런데 그렇게 지지하고 격려하는 것만으로도 훌륭한 남편, 진보적인 사람이라는 평가를 받지요.

지금도 그런데 하물며 19세기에는 오죽했을까요? 슈만 역시 클라라를 당당한 천재 예술가로 인정하고 그 활동을 적극 권장했지만, 이

를 위해 자신이 주부의 역할을 나누어 맡아야 한다는 생각은 꿈에도 하지 못했을 겁니다.

그런데 조금 비뚤어진 눈으로 바라보면 슈만이 클라라가 주부에 머무르지 않고 음악가로 활발하게 활동하는 것을 지지했던 이유가 단지 열린 마음 혹은 클라라의 음악적 재능에 대한 존중뿐이었을까 하는 의심이 들기도 합니다. 슈만이 손가락을 다쳐 피아노를 제대로 연주하기 어렵다는 사정 때문입니다.

오늘날에는 작곡가와 연주자 사이의 분업이 분명하지만, 19세기에는 그게 그렇게 분명하지 않았습니다. 유명한 작곡가들은 대개 유명한 연주자들이었습니다. 작곡 능력이 떨어져도 뛰어난 연주 실력만 있다면 명성을 얻을 수 있었지만, 그 반대는 쉽지 않았습니다. 베토벤처럼 자기 작품을 연주하기 어려운 처지의 작곡가는 자신의 손이 되어 줄 연주자가 필요했죠. 베토벤의 경우는 피아노를 조금이라도 배우면 잊을 수 없는 이름인 체르니가 그 역할을 해 주었습니다.

더구나 슈만이 활동했던 시절은 비르투오소virtuoso의 시대였습니다. 비르투오소는 '달인'이라는 뜻의 이탈리아어인데, 특별히 여기서는 악기 연주의 달인을 말합니다. 이들은 신기神技에 가까운 연주 솜씨를 과시하면서 청중을 압도했습니다. 파가니니, 쇼팽, 리스트, 멘델스존처럼 작곡 능력과 연주 능력을 갖춘 비르투오소는 그야말로 그 시대 최고 음악가였습니다. 요즘 말로 하면 일단 가수가 스타라야 사람들이 콘서트에 가고, 그 가수가 싱어송라이터라야 슈퍼스타가 되는 겁니다.

이런 점에서 자기 작품을 직접 무대에서 연주할 수 없는 슈만은 출발점에서부터 훨씬 불리한 위치에 있었습니다. 더구나 슈만의 작품은 대부분 피아노 곡과 가곡인데, 가곡에서조차 피아노는 반주가 아니라 차라리 사람 목소리와의 이중주라고 할 만큼 중요합니다. 그런데 정작 자기 작품을 연주할 수 없으니 어떻게 큰 성공을 바라겠습니까? 다른 유명한 스타 연주자가 자기 작품을 연주해 주지 않는 한 슈만은 청중들의 인정을 받을 기회가 없었던 겁니다.

더구나 슈만 작품은 연주하기 무척 어렵습니다. 기술적으로도 어려울 뿐 아니라 정서적으로도 매우 풍부하고 복잡하며, 마치 서정시나 소설처럼 문학적인 비유와 상징이 숨어 있습니다. 그래서 뛰어난 기교, 풍부한 감정, 문학적인 상징을 읽어 낼 수 있는 교양과 해석 능력을 갖춘 연주자라야 제대로 연주할 수 있습니다. 당시 그 정도 수준의 피아니스트는 멘델스존, 쇼팽, 리스트, 그리고 클라라뿐이었습니다. 슈만에게 클라라의 역할이 얼마나 중요했을지 짐작할 수 있습니다.

그래서였을까요? 결혼 이후 클라라의 연주 활동은 여전히, 아니 갈수록 더 활발해졌지만 작곡은 오히려 뜸해졌습니다. 사실 결혼할 무렵 클라라는 본격적으로 작곡가로 성장하는 출발점에 서 있었습니다. 열여섯 살까지는 피아니스트로 주로 활동했지만, 이미 열세 살 때 한 악장 형식의 피아노 협주곡을 작곡했고, 열일곱 살에는 여기에 느린 악장과 피날레를 붙여 큰 규모의 피아노 협주곡을 작곡한 바 있었습니다. 클라라가 열일곱 살 때 작곡한 피아노 협주곡은 본인의 연주와 멘델스존의 지휘로 발표되어 높은 평가를 받았고, 당시 널리 연주되던 인기 곡이었습니다.

물론 이 작품은 아직 어릴 때 작곡한 것이라 당시 교류하던 연상의 친구들(그만큼 클라라의 정신 연령이 높았다는 뜻이기도 합니다만)의 영향을 많이 받았습니다. 1악장 시작 부분은 멘델스존, 중간 부분은 쇼팽, 3악장은 슈만의 영향이 분명히 느껴집니다. 하지만 그런 영향이 어색하지 않게 잘 조화를 이루고 있습니다. 여기에 본인의 뛰어난 연주 실력을 과시할 수 있는 피아노 부분이 결합되어 있어, 동시대 그 누구의 피아노 협주곡과 비교해도 손색이 없습니다.

이 작품을 완성하는 데 슈만이 많은 도움을 준 것은 사실이지만, 그런 식으로 따지면 오늘날 피아노 협주곡 중 다섯 손가락 안에 꼽히는 걸작으로 남아 있는 슈만의 피아노 협주곡 A단조 역시 클라라의 도움을 많이 받은 작품입니다. 또한 슈만의 작품들 중 클라라의 작품에서 따온 동기(모티브)를 사용하는 것들도 쉽게 찾아볼 수 있습니다. 이는 표절이라기보다는 이들이 음악으로 하나가 되는 일종의 연애편지에 가깝습니다. 이렇게 클라라와 슈만은 따로 떼어 생각할 수 없는 관계입니다. 부부가 되기 전에 이미 10년 가까이 친밀한 관계를 이루었고, 그사이에 서로 많은 영향을 주고받았기 때문입니다. 문제는 결혼과 더불어 이 커플의 공동 업적이라고 해야 할 것이 온전히 슈만의 것이 되어 버렸다는 점입니다.

결혼 후 클라라의 연주회 프로그램은 대부분 슈만의 작품으로 채워졌고, 클라라의 작품은 더 이상 나오지 않았습니다. 설사 작곡을 해도 주로 슈만의 가곡을 피아노 연주곡으로 편곡하는 것이었습니다. 마치 슈만이라는 작곡가를 온 유럽에 널리 알려야 한다는 사명감을 가진 전도사 같은 태도였습니다.

클라라의 기술적으로 완벽하고 감정적으로 풍부한 연주와 만난 슈만의 작품들은 청중에게 강한 인상과 감동을 안겼습니다. 문제는 청중이 주로 클라라에게 환호했다는 것입니다. 물론 그들이 연주회에서 얻은 감동은 슈만의 아름다운 작품을 클라라가 훌륭하게 연주했기 때문이지만, 거기까지는 생각하지 않았습니다. 스타 연주자 클라라가 연주했고, 그 연주가 큰 감동을 주었을 뿐이죠.

슈만은 클라라의 연주 여행에 작곡가로서 동행했지만, 가는 곳마다 작곡가가 아니라 '클라라의 남편'으로 소개되었습니다. 슈만은 이런 상황을 매우 싫어했고, 때때로 아내에 대한 시기심을 감추지 않았습니다. 그리고 여전히 '전통적인 여성의 미덕'을 중요하게 생각했던 클라라는 어떻게든 자신이 남편보다 더 빛나지 않으려고 노력했고, 계속해서 슈만을 대중 앞에 소개하고 추켜올렸습니다.

이런 식으로 말하면 슈만이 클라라를 사랑해서가 아니라 세속적인 계산에서 결혼한 것처럼 느껴질 수도 있습니다. 물론 그런 것은 아니었습니다. 슈만은 클라라를 사랑했으며 음악가로서 존경했습니다.

하지만 슈만이 클라라와 결혼함으로써 큰 행운을 얻게 된 것만은 사실입니다.

그럼 클라라는 무엇을 얻었을까요? 클라라 같은 지적이고 천재적인 여성이 단지 사랑이라는 감정 하나 때문에, 그것도 7년이라는 긴 연애 기간과 소송으로까지 번진 아버지의 반대를 무릅쓰고 결혼하지는 않았을 겁니다. 그 어떤 감정도 그렇게 긴 시간을 견딜 힘을 주지 않습니다.

클라라가 얻은 건 바로 아버지의 통제에서 벗어났다는 것입니다. 클라라가 활동했던 시대는 여성을 온전한 주체로 인정하지 않던 시절이었습니다. 누군가의 딸이거나 누군가의 아내였습니다. 이 공식에서 벗어나는 여성은 아주 예외적인 존재로 취급했습니다. 결혼에 실패해 다른 남자 형제에게 얹혀사는 군식구 취급을 받거나, 이른바 '노는 여자' 취급을 받았던 것이죠. 아버지의 통제에서 벗어나려면 누군가의 아내가 되어야 했습니다.

클라라의 아버지는 지배 성향이 강한 사람이었습니다. 가부장이라는 말로도 모자라 거의 폭군이라고 불러야 할 정도였죠. 이미 다섯 살 때부터 클라라를 꽉 짜인 스케줄 속으로 밀어 넣고 20년간 자기 뜻대로 움직여 왔습니다. 하지만 슈만 덕분에 음악을 넘어 철학과 문학을 통해 낭만주의라는 시대정신을 익힌 클라라에게는 견디기 어려운 속박이었습니다. 클라라의 어머니도 견디지 못했으니까요. 클라라의 어머니가 이혼을 통해 자유를 얻었다면, 클라라는 결혼을 통해 자유를 얻은 것입니다.

결혼과 동시에 클라라는 아버지의 통제에서 벗어나 원하던 낭만적인 삶을 누릴 수 있었습니다. 클라라와 슈만의 집은 자연스럽게 낭만주의 예술가들의 아지트가 되었습니다. 작은 음악회, 독서회, 토론회가 끊이지 않고 열렸습니다.

슈만의 가정은 여느 가정과 확실히 달랐습니다. 클라라는 남편의 친구들에게 다과를 대접하고 뒤로 물러서는 것이 아니라 그들의 친구이자 동료 예술가로서 모임에 함께했습니다. 물론 모여든 예술가들 역시 클라라를 슈만의 아내가 아니라 당대의 뛰어난 예술가로 대접했습니다.

어떤 면에서는 기라성 같은 예술가들이 슈만을 중심으로 모이게 한, 그리하여 낭만주의 음악이라는 큰 흐름을 형성한 힘의 원천이 클라라였을지도 모릅니다. 당시 웬만한 낭만주의 예술가들은 모두 클라라의 찬미자였으니까요.

하지만 이들의 낭만적인 삶은 오래가지 못했습니다. 당시 슈만은 점점 명성이 높아지고 있었고, 작품이 꾸준히 팔리면서 인세 수입도 적지 않게 들어왔지만 잡지사, 출판사 등 워낙 벌려 놓은 일이 많았습니다. 게다가 클라라는 무려 8명이나 되는 자녀를 출산했습니다. 이들이 부부로서 함께 생활했던 기간은 겨우 14년입니다. 그러니 함께하는 시간 대부분을 임신한 상태로 보냈던 겁니다.

더욱이 슈만은 정말 지나칠 정도로 '낭만적'인 사람이었습니다.

현실과 꿈의 경계에서 살았으며, 무모한 결정도 많이 했습니다. 위대한 예술가들에게서 흔히 보이는 지나치게 예민한 성격도 대단했습니다. 예술가들과는 잘 지냈지만 돈이 되는 사람들, 즉 사업가나 관료들과는 제대로 교류하기 어려운 타입이었습니다. 한마디로 슈만은 일상적인 생활에서는 무능한 사람이었습니다.

이제 클라라는 전과 다른 이유로 연주 여행을 떠나야 했습니다. 자신의 명성이 아니라 가족의 생계를 위해서 말입니다. 하지만 클라라가 경제적 이유만으로 연주에 임한 건 아니었습니다. 예술가로서 수련을 게을리하지 않기 위해서도 연주했고, 무엇보다 남편에 대한 사랑과 존경으로 연주했습니다.

클라라는 슈만의 작품 위주로 편성된 프로그램을 들고 온 유럽을 다니며 연주했는데, 이는 작곡가로서 슈만의 명성이 독일의 특정 지방을 벗어나 널리 알려지는 데 큰 도움이 되었습니다. 물론 가장 큰 목적인 생활비도 넉넉하게 벌어들일 수 있었습니다. 그야말로 클라라가 '가장' 역할을 한 셈이죠.

이렇게만 살았다면, 그런대로 괜찮았을 수 있습니다. 남편은 곡을 쓰고, 아내는 연주하면서 서로가 서로를 보완하여 완전체가 되는 예술가 부부로서 말입니다. 하지만 클라라는 아내, 더구나 19세기 아내였습니다. 남편을 위해 아이를 낳고, 집안 살림을 전담하는 사람이 되어야 한다는 뜻입니다. 슈만이 클라라의 음악 활동을 적극적으로 지지했다고 해서 아내로서의 역할을 면제시켜 준 것은 아니었습니다.

마음은 갸륵했지만, 또 도움을 주고 싶었지만 정작 슈만 본인 앞가림도 쉽지 않았습니다. 그냥 가만있는 게 도와주는 그런 사람이었죠.

요즘도 그렇습니다. 아내의 사회 활동을 적극적으로 지지하고 자랑스러워하는 사람이 많습니다. 하지만 전통적인 여성상이 요구하는 주부와 어머니 역할을 대신하거나 덜어주는 사람은 흔치 않습니다. 그래서 여성이 자신의 전문성을 바탕으로 사회적으로 인정받고 성장하려면 '전통적인 여성상'과 '새로운 여성상'이 요구하는 역할을 다 해야 하는 경우가 많습니다. 흔히 '슈퍼 맘', '슈퍼 우먼', '워킹 맘' 따위로 부르지만 부르기는 쉬워도 그렇게 살기는 너무 어렵습니다. 클라라는 바로 이 슈퍼 맘, 슈퍼 우먼의 원조인 셈입니다.

이 부분에서 클라라는 마리아 지빌라 메리안과 아주 다른 길을 걸었습니다. 메리안은 과학자의 길을 걷기 위해 전통적인 아내, 전통적인 여성의 역할을 거부했습니다. 이혼을 감수하면서 자신이 선택한 길을 걸었습니다. 하지만 클라라는 아내와 어머니로서의 역할에 최선을 다하면서 동시에 예술가의 길을 걸어가려고 애썼습니다.

더구나 클라라는 메리안에 비해 훨씬 많은 자녀를 낳았습니다. 예술가로서의 성장에 가장 결정적인 시기라 할 수 있는 이십 대 중반에 해마다 임신과 출산을 반복했습니다. 물론 출산으로 끝나는 게 아니라 양육도 해야 했고, 양육비도 벌어야 했습니다. 아이들 양육뿐 아니라 남편 슈만까지 챙겨야 했습니다. 슈만은 '가장' 노릇을 거의 하지 못했을 뿐 아니라 오히려 많은 보살핌과 배려가 필요한 불안정한 사람이었습니다. 클라라의 결혼 생활 대부분에 드리웠던 그림자, 바로 슈만의 정신병 발작 때문입니다.

클라라는 슈만이 라이프치히를 떠나 장기간 요양이 필요하다고 생각해 유서 깊은 예술도시 드레스덴으로 이사하는 결단을 내렸습니다. 그나마 슈만은 드레스덴이라는 도시와 궁합이 잘 맞았고, 우울증도 서서히 진정되었습니다. 바쁘긴 했지만 이 서너 해 동안은 클라라와 슈만이 가장 안정적이고 평화롭게 살았던 시기였을 겁니다. 그리고 이때부터 사실상 클라라가 모든 가족을 부양하고 이끌어야 했습니다.

"지금이 작곡가로 성장하는 데 아주 중요한 시기라오. 부지런히 곡을 써 보는 게 어떻겠소?"

슈만은 틈만 나면 이렇게 다정하게 말하곤 했지만 딱 거기까지였습니다. 클라라에게는 도무지 그럴 틈이 나지 않았습니다. 클라라는 더 많은 돈을 벌어야 했습니다. 자녀들 양육에 들어가는 비용, 이사 비용, 슈만의 치료 비용까지.

당시 클라라의 연주 일정을 보면 여섯 명의 자녀(둘은 일찍 사망)를 양육하는 주부가 이런 스케줄을 어떻게 소화했는지 믿기지 않을 정도입니다. 예술가가 창작하고 성장하려면 한가한 시간이 필요합니다. 착상을 가다듬고 재능이 숙성되고 꽃필 시간을 가져야 합니다. 하지만 안타깝게도 클라라는 그럴 시간을 전혀 가질 수 없었던 겁니다.

게다가 평화로운 시기는 오래가지 않았습니다. 1848년 프랑스

2월혁명이 터지면서 그 불길이 온 유럽으로 퍼져 나가더니 1849년에는 드레스덴까지 혁명과 소요의 불길에 휩싸였습니다. 무정부 상태에 빠진 도시는 곳곳에서 약탈과 방화가 난무하는 생지옥이 되었습니다.

이제 클라라는 가족의 보호자 역할을 해야 했습니다. 마차를 구하고, 탈출 계획을 세우고, 경로를 찾고, 가족을 데리고 위험한 도시에서 빠져나가는 모든 과정을 다 클라라가 이끌어야 했습니다. 당시 클라라의 나이는 갓 서른. 이렇게 클라라의 이십 대가 막을 내렸습니다. 모차르트처럼 성장할 수도 있었던 신동이 이렇게 이십 대를 허비하면서 도약의 시기를 놓쳐 버린 겁니다. 헌신적인 아내와 어머니 역시 충분히 가치 있는 역할이지만 애석함을 느낄 수밖에 없습니다.

드레스덴을 탈출해 뒤셀도르프에 정착한 클라라와 슈만은 나름 안정적인 생활을 누렸습니다. 당시 신흥 산업도시였던 뒤셀도르프는 슈만을 품에 안음으로써 단지 공업도시가 아니라 문화가 있는 도시라는 이미지를 만들고자 했습니다. 시립 교향악단과 합창단이 슈만에게 맡겨졌습니다.

슈만은 뒤셀도르프에서 교향곡 3번 〈라인〉 같은 걸작을 작곡해 호평을 받았습니다. 하이네와 더불어 낭만주의 예술의 중심인물이 된 슈만에게 많은 젊은 음악가, 작가 들이 찾아와 가르침을 청했습니다. 그중에는 유럽 최고의 바이올리니스트 요아힘과 브람스도 있었습니다. 슈만은 특히 브람스를 매우 아껴 아예 집에 들어와 살게 하면서 사실상 아들로 대했습니다.

클라라 역시 생활이 안정되면서 다시 작곡을 하는 등 많은 의욕을 보여 주었습니다. 그러나 이런 생활도 얼마 가지 못했습니다. 3년 만에 슈만의 정신병이 다시 심해지더니 두 번 다시 회복하지 못한 겁니다. 라인강에 투신자살을 시도하다 구조된 슈만은 정신병원에 넣어 줄 것을 요청했고, 이로써 클라라의 결혼 생활은 끝이 났습니다.

슈만이 정신병원에 입원하자 그 가족은 '가장 없는' 상태가 되었습니다. 클라라에게는 가족을 대표할 권리가 주어지지 않았으며, 다른 남성 대리인이 필요했습니다. 제아무리 유명 인사라 해도 클라라는 '여자'였습니다. 여자라서 할 수 없고, 볼 수 없고, 갈 수 없는 곳이 즐비한 시대였습니다. 아무리 정신병으로 제 노릇을 못 하더라도 가장은 슈만이었고, 그 가장이 집에 있을 때와 집에 없을 때 클라라를 대하는 사람들의 태도도 달랐습니다.

결국 브람스, 요아힘, 그림 형제 같은 제자와 친구들이 나서서 여러 가지 일을 대신 처리해 주어야 했습니다. 슈만의 상태는 점점 더 나빠졌지만, 클라라는 계속 면회를 허락받지 못했고 '보호자' 자격도 인정받지 못했습니다. 병원은 클라라가 아니라 브람스를 슈만의 보호자로 인정하고 면회를 허락했습니다. 아내는 보호자가 될 수 없지만 제자는 보호자가 될 수 있었던 겁니다. 남자였으니까요.

브람스는 슈만 가족에게 매우 헌신했습니다. 사실상 남편을 잃어버린 것이나 다름없는 클라라를 위로하기 위해 〈슈만 주제에 의한 변주곡〉을 작곡해서 바치기도 했습니다.

클라라는 차도가 거의 없음에도 끝없이 청구되는 엄청난 치료비를 마련해야 했습니다. 거의 쉴 틈 없이 연주회를 열었고, 수많은 학생을 가르쳤습니다. 연주하거나 레슨을 하지 않는 시간에는 연주회 일정을 조정하느라 많은 시간을 써야 했습니다. 연주 여행 다니랴 레슨 하랴 늘 시간이 부족해 집안일과 자녀 양육을 맡을 가정부와 요리사를 고용할 수밖에 없었는데, 역설적으로 이 비용 때문에 더 많은 연주회와 레슨을 할 수밖에 없었습니다. 결국 겨우 다시 시작했던 작곡을 접을 수밖에 없었습니다. 클라라는 이를 무척 안타깝게 생각했습니다. 일기장에 이렇게 적어 놓을 정도로 말입니다.

나는 한때 창조적인 재능을 가지고 있다고 믿었다. 하지만 나는 이 생각을 포기했다.

1856년 7월 29일, 긴 투병 끝에 슈만이 세상을 떠났습니다. 클라라에게 슬픔과 후련함이 동시에 밀려왔습니다. 치료비 부담도 사라졌고, 큰딸 마리가 성인이 되어 동생들의 양육과 집안일을 맡아 시간적으로 여유도 많이 생겼습니다. 하지만 클라라는 작곡을 하지 않았습니다. 오히려 피아니스트로서 연주회를 엄청나게 늘렸습니다. 해마다 40회를 넘나드는 엄청난 연주회였습니다. 돈이 필요해서라기보다는 슈만을 널리 알리기 위해서였습니다. 슈만의 그림자는 오히려

리스트와 더불어 19세기 피아노 음악을
양분했던 거장, 클라라 슈만

생전보다 더 짙게 클라라의 삶을 덮었습니다.

생애 후반기, 피아니스트로서 클라라의 위상은 리스트와 더불어 유럽에서 쌍벽을 이룰 정도로 절대적이었습니다.

"슈만보다 슈만을, 쇼팽보다 쇼팽을, 브람스보다 브람스를 더 잘 치는 피아니스트."

이 한마디가 피아니스트로서 클라라의 위상을 잘 보여 줍니다. 하지만 클라라는 끝내 자신의 작품을 만들고, 자신의 이름을 남기는 일에 소극적이었습니다. 슈만의 작품을 연주하여 널리 알리고, 연주하지 않을 때는 슈만의 작품들을 연구하고 정리하고 편집하는 일에 모든 시간을 쏟아부었습니다. 음악뿐 아니라 슈만이 남긴 각종 평론, 일기, 편지 등도 엮어서 책으로 발간했습니다.

슈만뿐 아니라 브람스에 대해서도 비슷한 일을 하기 시작했습니다. 연주회 프로그램에서 브람스 작품의 비중이 점점 늘어나서 나중에는 거의 1/3 이상을 차지했습니다. 비유하자면 삶의 전반부는 남편을 위해, 후반부는 아들(제자를 아들로 친다면)을 위해 희생한 어머니의 모습인 셈입니다.

슈만에 대한 클라라의 존경과 헌신은 너무 절대적이라, 어떤 비판이나 부정적인 평가에도 민감하게 반응했습니다. 덕분에 19세기 후반 유럽 음악계를 뒤흔든 거대한 '패싸움'의 원인 제공자가 되기도 했습니다.

당시 리스트, 바그너 등은 이른바 '신독일 악파'라 불리면서 파괴와 혁신을 외치고 있었습니다. 이들은 이미 세상을 떠난 슈만, 멘델스존 등을 낡은 고전주의 음악으로부터 벗어나지 못했다고 비판하면서 자기들이야말로 진정한 낭만주의 정신을 구현하고 있다고 주장했습니다.

클라라는 격분했고 당장 나서서 반박하고 싶었지만 당시는 여성이 남성과 논쟁한다는 것을 상상할 수 없는 시대였습니다.

바그너와 사이가 그리 나쁘지 않았던 브람스가 등 떠밀려 싸움판에 나섰고 결국 유럽 음악계는 바그너를 중심으로 하는 바이마르 악파와 브람스를 중심으로 하는 라이프치히 악파로 쪼개졌습니다. 이 두 악파는 마치 우리나라 조선시대 노론과 소론을 연상시킬 정도로 대립했습니다.

이 싸움에서 클라라는 매우 강경했습니다. 연주회 프로그램에서 리스트의 작품을 모두 제외하는가 하면, 1870년에는 베토벤 탄생 100주년 행사에도 불참했습니다. 리스트와 바그너가 참석했기 때문입니다. 마침내 이 대립은 막장으로 치달아, 상대방의 연주회를 방해하고 연주회장에서 시위를 하는 지경까지 갔습니다. 이 싸움판은 클라라가 슈만과 리스트의 사이가 생전에 그렇게 나쁘지 않았으며, 심지어 슈만이 그의 걸작 중 하나인 〈환상곡 작품 17〉을 리스트에게 헌정했다는 것을 알게 된 다음에야 서서히 냉각되었습니다.

두 악파의 갈등 덕분에 오늘날까지도 계속 이어지는 피아노 연주의 두 가지 관점이 형성되었습니다. 하나는 리스트의 관점입니다. 리스트는 작품은 다만 재료일 뿐, 이를 해석하고 드러내는 것은 연주자의 몫이라고 보았습니다. 연주자는 작품에 얽매이지 말고 연주를 통해 자신의 개성과 감정을 적극적으로 드러내야 한다는 겁니다. 다른 하나는 클라라의 관점입니다. 클라라는 연주자 자신의 개성과 감정을 최대한 억제하고, 작곡가의 의도를 충실하게 재현하는 데 집중해야 한다고 보았습니다. 그래서 리스트의 연주를 쇼맨십이라고 생각하며 매우 싫어했습니다.

오늘날에도 유명한 피아니스트들은 대체로 이 두 관점 중 하나를 취하거나, 적절히 조합합니다. 리스트의 입장은 주로 러시아 계통의 피아니스트들이 적극적으로 계승하고 있습니다. 클라라의 입장은 유명한 미국의 줄리어드 음대에서 계속 이어지고 있습니다.

이렇게 명피아니스트로 한 시대를 주름잡은 클라라는 1896년, 일흔일곱을 일기로 눈을 감았습니다. 19세기 기준으로는 무척 장수한 셈입니다. 77년의 생애 중 슈만과 부부로 함께한 시간은 사실상 14년밖에 되지 않습니다. 그리고 클라라가 가장 활발하게 음악가로서 활동한 시기는 대부분 슈만이 정신병원에 입원한 1854년 이후입니다. 이때부터 26년간 왕성하게 연주 활동을 했고, 1878년부터는 프랑크푸르트 고등음악원 교수로 14년간 가르쳤습니다.

클라라는 슈만과 부부로 함께한 14년을 제외하더라도 리스트와 더불어 19세기 피아노 음악을 양분했던 거장으로 당당하게 그 이름을 남길 만한 삶을 살았습니다. 그럼에도 클라라라는 이름은 그의 긴 생애의 일부분에 불과한 너무도 짧았던 결혼 생활과 연관되어 늘 '슈만과 클라라'로 거론되었습니다.

탄생 100주년, 150주년, 서거 100주년이었던 1919년, 1969년, 1996년까지 모두 클라라의 기념일인지 슈만의 기념일인지 모르게 함께 기념되었습니다. 탄생 200주년인 2019년에야 처음으로 슈만이 아닌 클라라의 기념식이 성대하게 치러졌습니다. 이는 2015년 이후 급격하게 확산된 여성주의라는 시대정신과 무관하지 않습니다. 이제라도 클라라를 위해 영광스러운 나날이 계속 열리기를 바랍니다.

영국
파운드화

영국의 화폐인 파운드 스털링(보통 파운드화라고 합니다)은 세계에서 여성 초상 비율이 가장 높은 화폐입니다. 무려 100퍼센트입니다. 하지만 이건 모든 지폐의 앞면에 엘리자베스 2세 여왕의 초상이 실려 있기 때문에 나타난 착시입니다. 영국뿐 아니라 영연방의 오스트레일리아, 뉴질랜드, 캐나다 등의 화폐도 앞면은 여왕입니다. 엘리자베스 2세 여왕이 승하하면, 현재 영국의 왕세자나 왕세손이 모두 남자이기 때문에 파운드화는 즉시 남성으로 100퍼센트 바뀔 것입니다. 국가도 <God save the Queen>에서 <God save the King>으로 바뀔 것이고요. 그러니까 화폐에 여왕의 초상화가 실려 있다고 해서 여성을 존중한다는 뜻은 아니라는 의미입니다.

하지만 실망하기에는 아직 이릅니다. 파운드화는 지폐 앞면뿐 아니라 뒷면에도 인물 초상을 사용하니까요.

여왕을 제외하더라도 영국 파운드는 세계에서 가장 먼저 여성 위인을 화폐 인물로 사용했습니다. 그래봐야 1975년입니다. 여성이 화폐 나라에서 얼마나 소외당했는지 단적으로 보여 주는 예이기도 합니다.

이 병원에서 쓰는 약품과 물품을 모두 조사해야 합니다.

지금까지 별 문제 없었는데 왜 이래라저래라 하는 거지?

이봐요~ 아가씨! 아가씨는 아가씨 일이나 해! 병원 운영은 우리가 한다구!

전쟁은 남자들의 일이란 말이오!

당신의 할 일은 환자 시중 잘 들고 의사들 심부름 잘 하는거라고…

하하하-

맞아!

이게 왜 별 문제 없는 겁니까? 네?

당신들은 양심도 애국심도 동정심도 없군요!

적군에게 죽은 병사보다

병원에서 죽은 병사가 더 많습니다.

신의 뜻을 이해하려면
통계를 연구해야 합니다

근대 간호학의 창시자
플로렌스 나이팅게일

Florence Nightingale
1820~1910

엘리자베스 2세 여왕을 제외하면 세계에서 가장 먼저 화폐 나라에 입장한 여성은 누구일까요? 1975년 영국의 10파운드 지폐에 등장한 플로렌스 나이팅게일입니다. 네, '하얀 옷의 천사'라고 알려진 그 나이팅게일입니다.

너무 식상한 것 아니냐, 혹은 전통적인 여성상을 강조함으로써 오히려 성평등과 반대되는 메시지를 전하는 것 아니냐고 할 수 있습니다. 실제로 나이팅게일로 대표되는 간호사는 가장 전통적인 여성 직업인 교사보다도 여성 비율이 압도적으로 높습니다. 10여 년 전까지만 해도 아예 여성으로만 이루어진 직업으로 여겨졌고, 지금도 남자

영국의 10파운드 지폐 뒷면. 나이팅게일의 초상과 크림전쟁 당시 부상자들을 보살피던 나이팅게일의 모습이 실렸습니다.

간호사는 보기 드문 것이 현실입니다.

화폐의 도안 역시 다소곳한 모습과 단정한 복장 등 전통적인 여성성을 강조하고 있습니다. 인자한 표정으로 촛불을 들고 환자(남자)를 다정하게 보살피는 모습은 어느새 간호사의 상징이 되어 버렸습니다. 이 모습은 크림전쟁 당시 촛불을 들고 다니며 환자를 보살피던 나이팅게일을 병사들이 '하얀 옷의 천사'라고 불렀던 데에서 비롯되었습니다. 보살핌, 하얀 옷, 촛불, 그리고 천사. 너무나 전통적인 여성상입니다.

오늘날 전 세계의 모든 간호사들은 처음 병원 실습을 나가기 전에 하얀 옷을 입고 촛불을 든 채 이른바 '나이팅게일 선서'라는 것을 합니다. 선서의 내용은 부정적인 의미에서 매우 '여성적'입니다.

> 나는 일생을 순결하게 살며 전문간호직에 최선을 다할 것을 하느님과 여러
> 분 앞에 선서합니다.
> 나는 인간의 생명에 해로운 일은 어떤 상황에서도 하지 않겠습니다.
> 나는 간호의 수준을 높이기 위하여 전력을 다하겠으며, 간호하면서 알게
> 된 개인이나 가족의 사정은 비밀로 하겠습니다.
> 나는 성심으로 보건 의료인과 협조하겠으며, 나의 간호를 받는 사람들의
> 안녕을 위하여 헌신하겠습니다.

이게 뭐가 문제가 되냐고요? '순결하게 살며'라는 말을 생각해 보십시오. 또 '보건 의료인과 협조'한다고 합니다. 간호사는 의료인이 아니란 말입니까? 스스로를 의료인이라 규정하는 대신 의료인과 협조한다는 말에 이미 의사(남성)-간호사(여성)는 능동-수동, 지시-복종 관계라는 인식이 깔려 있습니다. 더구나 '성심'으로 말입니다. 이 선서는 순결, 충실함, 헌신 등의 수동적인 용어로 간호직을 규정하고, 남성인 의사의 지시를 받는 위치에 두었다는 비판을 받을 수밖에 없습니다. 그러니 간호사로 명성을 떨친 나이팅게일을 영국을 대표하는 여성으로 삼아 최초의 여성 화폐 인물로 선정했다는 것은 아무래도 너무나 남성중심주의적인 관점이라는 의심을 할 수밖에 없는 것이죠.

<램프를 든 여인The Lady with the Lamp>(헨리에타 래Henrietta Rae, 1891)

더구나 나이팅게일은 이 선서와 아무 관계가 없었습니다. 이 선서는 미국의 간호사와 간호학교 교수들이 만든 것입니다. 자기들이 생각하는 대로 간호사를 규정하여 선서문을 만든 뒤, 근대 간호학의 창시자인 나이팅게일의 이름을 붙였을 뿐입니다. 만약 나이팅게일이 이 선서문을 봤다면 십중팔구 노발대발하며 펄펄 뛰었을 겁니다. 그리고 당장 학과장에게 따지러 갔겠죠.

노발대발하며 펄펄 뛴다? 하얀 옷의 천사라는 이미지와 사뭇 다른 느낌이 들지 않습니까? 하지만 이건 나이팅게일의 책임이 아닙니다. 남성들이 만들어 놓은 이미지와 실제의 나이팅게일은 전혀 다른 인물이었으니까요. 나이팅게일은 천사 같은 여성도 아니었고, 무엇보다 남성 의사들에게 고분고분하지도 않았습니다. 그렇습니다. 실제 인물과 그 인물의 이미지는 다릅니다. 공교롭게도 여성은 실제보다 더 수동적이고 다소곳한 이미지로 바뀌고, 남성은 더 능동적이고 공격적인 이미지로 바뀝니다. 그런데 그 괴리가 나이팅게일만큼 큰 인물도 드물 겁니다.

헨리에타 래의 그림은 나이팅게일은 물론 이후 간호사의 이미지를 만들어 버린 그림입니다. 하얀 옷을 입고, 촛불을 들고 연민과 공감이 가득한 얼굴로 환자를 굽어 살피는 우아한 여성이 그려져 있습니다. 촛불에는 희망, 위로, 격려, 연민 등등의 의미가 담겨 있겠죠. 그리고 그 촛불 아래에는 질병이나 부상으로 무력해진 '남자'가 있습니다.

환자가 아니라 남자입니다. 나이팅게일을 상징하는 여러 등불과 하얀 옷 그림 중에 불빛 아래 환자가 남자가 아닌 경우는 찾아보기 어렵습니다. 한마디로 어려움에 처한 남자들이 바라는 여성상 그 자체를 그려 놓고 나이팅게일에게 투사한 것이죠.

전쟁은 남자들이 일으켰고 남자들끼리 싸웁니다. 영국은 자국의 안보와는 아무 상관없는 러시아와의 전쟁을 결정하고 참전할 때까지 여성들에게는 아무것도 묻지 않았습니다. 당시 영국의 군주는 빅토리아 여왕이었지만 아무 실권 없는 상징적인 존재에 불과했고, 여성에게는 참정권이 없었기 때문에 국회의원은커녕 투표조차 할 수 없었습니다.

그렇게 남자들끼리 일으킨 전쟁에서 남자들끼리 싸우다 막상 다쳐서 아프고 외롭고 고통스러워지자 여자를 찾습니다. 원망도, 항의도, 질책도 하지 않는, 다만 인자하게 보살펴 주기만 할 뿐인 그런 여자를 말입니다. 이게 바로 이 한 장의 그림에 담겨 있는 생각입니다.

그렇다면 실제로 나이팅게일은 어떤 인물이었을까요? 이 그림과는 전혀 다른 인물입니다. 하얀 옷의 천사가 아니라 하얀 갑옷의 기사에 가까운 인물이었습니다. 나이팅게일의 일생은 처음부터 끝까지 전통적인 여성상에 대한 반항과 거부 그 자체였습니다.

플로렌스 나이팅게일은 1820년 5월 12일에 태어났습니다. 아버지 윌리엄과 어머니 프랜시스는 모두 매우 신분이 높은 사람들이었습니다. 아버지는 넓은 영지를 가진 신사 계층이면서 광산을 가진 부르주아이기도 했습니다. 그 당시에는 신사 계층(지주 계층)이 부르주아(상공업자)를 조금 천하게 보았는데, 아버지는 이 중 부르주아 편을 드는 자유주의자(휘그당)였습니다. 말하자면 진보 성향이었죠. 어머니는 아버지보다도 더 지체 높은 귀족이었습니다. 한마디로 나이팅게일은 금수저입니다.

나이팅게일의 이름인 플로렌스는 이탈리아 르네상스의 중심 도시였던 피렌체의 영어식 이름을 딴 것입니다. 피렌체에서 태어났기 때문입니다. 나이팅게일의 부모는 여행을 즐겼습니다. 요즘 해외 여행과는 다릅니다. 그 당시 해외 여행이란 몇 달, 심지어 몇 년씩 다른 나라에서 생활하는 것이었습니다. 하인들을 거느리고 현지 사교계에 출입하면서 말이죠.

자녀들이 청소년기에 접어든 다음에는 교육을 염두한 여행이 되었습니다. 그런 여행을 당시 영국 상류층에서는 '그랜드 투어'라고 불렀습니다. 고전을 공부하면서 책으로만 접했던 이집트·그리스·이탈리아·프랑스·독일에서 역사적인 유적을 직접 보고, 그곳의 학자·교사·예술가 들을 만나 생생한 가르침을 얻고, 현지 상류 사회와 교류하면서 국제적인 네트워크도 넓히는, 그야말로 금수저 교육입니다. 플로렌스 역시 여행지에서 만난 학자, 예술가, 저명인사 들에게 많은 영향을 받았습니다.

특히 한창 감수성 예민하던 열일곱 살에 만난 경제학자 시스몽디에게 큰 영향을 받았습니다. 시스몽디는 마르크스도 자주 인용하던 유명한 사회주의 경제학자입니다. 빈곤 문제는 부자나 특권층의 도덕이나 동정심에 기대 해결할 수 없으며, 사회제도를 통한 분배 정책으로 해결해야 한다고 주장하면서 사실상 사회주의의 핵심 이념을 만들어 낸 사람이기도 합니다.

플로렌스는 시스몽디를 만나 교류한 후부터 평생 가난한 사람들, 노동자들의 삶을 개선하는 데 헌신하기로 마음먹습니다. 그리고 개인적인 자선이 아니라 사회제도 개혁으로 해결해야 한다는 생각을 굳게 다졌죠.

원래 플로렌스는 동정심이 많았습니다. 영국에 있을 때도 영지에서 농사짓는 소작인들에게 온정적이었고, 도움이 필요하거나 아픈 사람을 위한 자선이나 봉사활동에도 적극적이었습니다. 하지만 시스몽디를 만난 이후 가난한 사람들뿐 아니라 그들을 고통스럽게 하는 사회 구조나 제도 문제에 눈을 뜹니다.

어느 모로 보나 귀족 아가씨의 모습은 아닙니다. 당시 귀족 아가씨들이 가난하고 어려운 사람들을 위해 자선을 베풀고 자원봉사를 하는 것은 상당히 칭찬받는 행동이었습니다. 하지만 그 수준을 넘어 사회제도에 대해 발언하는 것은 여자답지 않고, 주제넘는 행동이라는 말을 들었습니다.

더구나 플로렌스는 병원에 관심을 기울였습니다. 이게 뭐가 문제냐 싶겠지만, 당시 영국의 병원은 오늘날 우리가 생각하는 병원이 아

스쿠타리 야전병원에서 매일 밤 등불을 들고 병상 사이를 돌아다니며
환자들을 챙기던 나이팅게일의 행보는 보수적인 사회와 지배층
남성들의 입맛에 맞게 '하얀 옷의 천사'로 이용당하고 말았습니다.

닙니다. 보통 사람들은 병원에 가지 않았습니다. 의사가 왕진을 다녔고, 환자는 병원에 입원하는 대신 집에서 가족이나 따로 고용된 간호사의 돌봄을 받았습니다.

병원이라는 곳은 의사를 부를 형편이 안 되는 가난한 사람, 혹은 전염이 우려되는 중증 환자들을 격리하는 곳이었습니다. 즉, 병원은 병을 고치러 가는 곳이 아니라 병자들을 수용하는 곳, 죽음을 기다리는 곳이었습니다. 당연히 병원에 수용된 환자 대부분은 집에서 보살핌을 받는 것이 불가능한 가난한 병자였습니다.

플로렌스가 병원에 관심을 가지기 시작한 출발점도 의료가 아니라 빈곤 문제였습니다. 가난한 사람들이 가장 크게 고통받는 때는 병에 걸렸을 때라고 생각했습니다. 그래서 빈곤층이 제대로 된 치료와 돌봄을 받는 시설과 제도를 만든다면 가난이 주는 고통을 크게 줄일 수 있을 거라고 봤습니다.

이런 생각으로 병원에 드나들며 봉사활동을 하는 플로렌스는 집안의 걱정거리가 되었습니다. 저래서 결혼은 할 수 있겠냐는 뒷말이 오갔습니다. 실제로 집안은 물론 외모도 뛰어났던 플로렌스에게 적지 않은 신사들이 호감을 보였습니다. 청혼도 몇 차례 받았습니다. 하지만 모두 거절했습니다. 세상의 눈으로 볼 때 너무나 훌륭한 신랑감으로부터 받은 청혼도 두 건이나 거절했습니다.

"그분은 훌륭한 신사였습니다. 그래서 남편으로 삼고 싶지 않아요."

그 시대에는 일단 여성이 결혼하면 사회 활동이 거의 불가능했습니다. 그러니 그와 결혼한다면 이중으로 손실이 발생하는 겁니다. 가난한 사람들의 삶을 개선하는 사회운동가가 되기로 마음먹었지만 사회운동을 못하게 되고, 사회운동의 든든한 지원자가 될 사람도 잃어버리는 것이죠. 실제로 플로렌스에게 퇴짜를 맞은 신사들은 이후에도 친구로 남았고, 훗날 사회에서 중요한 지위에 올라 플로렌스가 하는 일의 든든한 지원자가 되었습니다.

어느새 플로렌스의 나이가 당시 기준으로는 노처녀라고 할 수 있는 스무 살을 훌쩍 넘기자 가족들은 초조해지기 시작했습니다.

앞으로 어떻게 할 생각이냐고 묻는 어머니에게 플로렌스가 간호사가 되겠다는 속마음을 털어놓자 온 가족이 충격을 받았습니다. 언니 파세노페는 매우 분노했습니다. 어떻게 고개를 들고 다니라는 것이냐고 하면서요.

왜 이렇게 분노했을까요? 당시 영국에서는 간호사가 천민이나 다름없는 취급을 받았기 때문입니다. 오늘날 전문직 간호사를 생각하면 안 됩니다. 그 당시 영국 병원이 어떤 곳이었는지 생각해 보면 답이 나옵니다. 의사를 부를 능력도 없는 가난한 사람들이 병에 걸려 수용되던 곳에서 일하는 간호사라면 딱 두 부류였습니다. 종교적인 이유로 헌신하는 수녀들이거나 그런 일이라도 해야 하는 가난한 여성으로 그야말로 빈민 수용소에서 일하는 하녀나 다름없었습니다.

부모님과 언니뿐 아니라 온 집안 친척들까지 일제히 나서서 간호사가 되겠다는 플로렌스를 만류했습니다. 그렇게 플로렌스는 결혼도 하지 않고, 간호사도 되지 못한 채 이십 대를 보냅니다. 여전히 자선 활동이나 이런저런 사회개혁 운동에는 적극적이었습니다. 간호사라는 말에 깜짝 놀란 가족들은 거기까지는 말리지 못한 거죠.

사실 플로렌스가 결혼 대신 사회봉사활동을 선택할 수 있었던 배경에는 이타적인 성격, 강인한 의지와 봉사정신 같은 것 외에도 금수저라는 점도 컸습니다. 플로렌스는 평생 돈 걱정 없이 살았습니다. 공무원 월급보다 많은 돈을 매달 용돈으로 받았으니까요. 그 당시 대부분의 여성들은 그저 생계를 위해서라도 결혼해야 했습니다. 하녀 혹은 그와 비슷한 일자리가 아니면 여성이 직업을 가질 수 없었기 때문입니다.

또한 플로렌스가 이십 대 내내 간호사가 되지 못한 까닭은 가족의 반대뿐 아니라 영국에 간호사를 전문적으로 양성하는 학교나 기관을 찾기 어려웠던 탓도 있습니다. 그러다 마침내 당시 기준으로는 거의 중년이 다 된 서른에야 독일 카이저스베르트에 있는 학교로 간호학을 공부하러 떠납니다. 이 학교는 목사가 운영하는 곳으로, 하느님을 섬기고 이웃에게 헌신하기로 결심한 여성들이 전문 간호학을 공부하고 평생 아픈 사람들을 돕기로 맹세하는 곳이었습니다. 말하자면 일종의 수녀원에 가까운 곳이었습니다. 환자를 돕는 것이 곧 하느님을 섬기는 것이라는 굳건한 믿음을 동력으로 삼았던 것이죠. 플로렌스는 여기서 체계적으로 간호학을 공부했습니다. 그리고 얼마 지나지 않아 가장 뛰어난 학생이 되었습니다.

플로렌스는 환자를 치료하는 것을 의료, 환자의 치료가 가능한 여러 가지 조건을 만들어 주는 것을 간호라고 명확하게 정의했습니다. 사실 이 둘이 딱 부러지게 구별되지는 않습니다. 환자의 치료가 가능한 조건이 무엇인지 알려면 병에 대해서도, 또 환자의 상태에 대해서도 잘 알아야 하겠죠. 그래서 간호사 역시 인체와 질병에 대해 상당한 수준의 공부가 필요합니다. 플로렌스는 이 부분을 분명히 했습니다.

영국에 돌아온 플로렌스는 1853년부터 런던 숙녀병원 간호부장으로 간호사 경력을 시작하게 되었습니다. 간호부장이라고 하니 대단한 자리인 것 같지만, 빛 좋은 개살구였습니다. 이 시절 병원에는 '경영'이라는 개념이 없었기 때문에 모든 것이 주먹구구식이었습니다. 의사는 그때그때 환자를 보았고, 의약품이 부족하면 그때그때 주문했습니다. 병동과 병실은 지저분하고 비위생적이었습니다. 침구는 더러웠고, 공기는 탁했으며, 배수도 잘 되지 않았습니다.

플로렌스는 의사가 아무리 열심히 치료해도 병원이 이렇게 엉망으로 운영되는 한 병이 아니라 병원 때문에 살릴 환자도 죽인다고 생각했습니다. 따라서 치료와 별도로 병원 관리, 병원 경영이 필요하다고 생각하고 이를 간호부장의 권한으로 규정했습니다. 당연히 거센 반발이 있었습니다. 특히 간호사 이외에 병원에서 일하는 사람들은 모두 남성이었기 때문에 여성의 관리와 명령을 받는다고 생각하니 참을 수 없었을 겁니다.

하지만 플로렌스는 강인했고 고집도 셌습니다. 집안 배경을 이용해 병원 운영에 영향력을 행사할 수 있는 고위층 인사들을 만나 설득하는 일도 주저하지 않았습니다. 그리하여 병원 운영의 전권을 확보한 플로렌스는 의료·보건 근대화의 결정적인 계기가 되는 몇 가지 중요한 개혁을 실시합니다.

첫째, 환자 카드의 표준화입니다. 흔히 병원에서 차트라고 말하는 것입니다. 이전까지는 의사들이 환자를 보고 그때그때 내키는 대로 기록했습니다. 따라서 기록이 아무리 많이 쌓여도 통계를 낼 수 없어 자료로써의 가치가 거의 없었습니다. 플로렌스는 환자 기록 카드를 표준화해서 모든 의사와 간호사가 똑같은 양식에 똑같은 항목을 매일 점검해 기록하도록 했습니다. 이로써 환자의 증상이 어떻게 바뀌는지 일목요연하게 볼 수 있게 되었습니다. 의무 기록이 통계 처리되면서 같은 증상을 가진 환자들의 데이터도 바로 찾아낼 수 있는 것은 물론, 치료에 중요한 영향을 주는 요인들이 무엇인지도 비교분석할 수 있게 되었습니다. 오늘날 의사가 되려면 철저히 공부해야 하는 학문 중 하나가 통계학입니다. 그런데 의료 기록에 통계학을 적용한 선구자가 플로렌스 나이팅게일이라는 사실은 잘 알려져 있지 않습니다.

둘째, 약품이나 의료기기 관리를 체계화했습니다. 플로렌스는 병원의 모든 약품, 의료기기를 조사하여 수량과 상태를 기록한 장부를 쓰게 했습니다. 반드시 간호부장을 통해서만 작성되게 했는데, 이를 통해 어떤 약품이 어느 정도 남아 있고, 어느 정도 더 필요한지 바로 파악할 수 있게 되었습니다. 그리하여 런던 숙녀병원은 언제나 필요한 약품을 적정량 갖추고 있으면서도, 오히려 약품 구입 비용은 절약하는 놀라운 성과를 보여 주었습니다. 말하자면 철저한 경영 합리화를 실시한 것입니다.

셋째, 병원 환경과 위생을 관리했습니다. 이건 너무 당연한 것 같지만, 이때까지만 해도 이 당연한 것이 당연하지 않았습니다. 많은 환자가 병 때문이 아니라 비위생적인 병원 환경 때문에 각종 2차 감염으로 사망하곤 했습니다. 플로렌스는 특히 환기와 배수, 그리고 환자들 간의 적절한 공간적 거리를 매우 철저히 했습니다. 그리하여 병실이 마치 감옥처럼 배치되어 있던 기존의 병원 구조를 대신할 새로운 병원을 설계했습니다.

이와 같이 플로렌스 나이팅게일은 단지 환자들을 사랑과 헌신으로만 대하는 천사 같은 간호사가 아니었습니다. 오히려 철저히 과학적이고 합리적인 사고방식을 가진 병원 경영자에 가까웠으며, 나아가 보건의료 정책 전문가에 더 가까웠습니다. 이런 나이팅게일을 철저히 헌신적인 간호사의 이미지로 고정시키려는 배후에는 두 가지 못된 이유가 있습니다.

하나는 남성들의 영역을 침범당했다는 데 따른 반감입니다. 플로렌스는 평생 이런 반감에 맞서 싸워야 했습니다. 또 하나는 하층 여성들이나 하던 일이었던 간호사의 지위가 상승한 것에 따른 반감입니다. 즉 간호사라는 직업 자체를 '여성'이라는 틀, 전통적인 여성의 역할을 병원에서 수행하는 직분으로 고정하려는 생각입니다. 플로렌스는 이런 생각에도 단호하게 반대했습니다. 의사와 간호사는 환자를 치료할 때 필요한 서로 다른 일을 하며 협력하는 관계이지 의사는 남자, 간호사는 여자 일을 하는 것이 아니라는 것입니다. 더군다나 의사가 간호사에게 지시하고 지배하는 관계에 있는 것도 아닙니다. 플로렌스는 경우에 따라 의사에게 지시도 해 가면서 간호사 업무를 수행했습니다.

그러던 중 플로렌스 나이팅게일이라는 이름을 온 세계에 널리 알리게 된 사건인 크림전쟁(1853~1856)이 발발합니다. 이 전쟁은 흑해로 진출하려는 러시아와 이를 막으려는 오스만튀르크 사이의 전쟁이었는데, 러시아의 남하를 견제하기 위해 영국과 프랑스가 오스만튀르크를 지원하면서 국제적인 전쟁으로 확대되었습니다. 당시 영국은 러시아 흑해함대의 거점인 세바스토폴 항구를 공격해 러시아군의 허리를 끊어 버릴 작정이었는데, 이 전투가 생각처럼 진행되지 않으면서 엄청난 인명 피해를 입었습니다.

크림전쟁은 자유민주주의에서 언론의 역할이 얼마나 중요한지 보여 준 전쟁이기도 합니다. 당시 영국 정부는 전쟁 상황을 국민에게 솔직하게 알리지 않았습니다. 물론 국민의 사기진작을 핑계로 들었겠죠. 하지만 당시 용감한 기자들은 이 전쟁터의 참상, 그리고 무엇보다 부상병들이 치료가 아니라 죽으러 가는 야전병원이라는 생지옥을 생생하게 보도했습니다.

플로렌스는 이 보도를 보고 충격을 받았습니다. 수많은 부상병이

후송되는 과정에서, 또 야전병원에 후송된 다음 적절한 처치를 받지 못해 목숨을 잃었습니다. 1853년 당시 영국군 전사자 중에 전투 직후 사망한 경우는 그리 많지 않았습니다. 대부분 병원으로 후송된 후 죽었습니다. 더구나 부상이 직접적인 원인이 되어 사망한 경우보다 각종 2차 감염으로 사망하는 경우가 더 많았습니다. 러시아군이 아니라 영국 병원이 영국군을 죽이고 있었던 셈이죠.

플로렌스는 자신이 터득한 합리적이고 체계적인 병원 경영과 전문적인 간호로 수만 명의 생명을 구할 수 있다고 확신했습니다. 확신이 서면 반드시 실천에 옮겼던 플로렌스는 직접 전장에 뛰어들기로 결심했습니다.

귀족 가문이라는 배경 덕분에 당시 영국 육군성 장관인 시드니 허버트와 개인적인 친분이 있던 플로렌스는 허버트에게 자신의 의사를 전달했습니다.

"장관님, 스쿠타리 야전병원에 간호 부대를 조직해서 가려 합니다."

"그건 너무 위험하지 않겠습니까?"

"각오하고 있습니다. 수만 명의 조국의 아들들을 구하는 일입니다."

"말들이 많을 텐데요? 현지 군의관들도 간섭받는다고 생각해서 삐딱하게 나올 테고."

"그게 바로 장관님께서 도와주셔야 할 일입니다."

그리하여 스쿠타리 야전병원에 파견될 간호지원단이 만들어졌습니다. 성공회의 수녀들과 그동안 플로렌스가 양성하고 함께했던 간

호사들이 함께했습니다. 이때 영국 사회가 여성을 어떤 관점에서 바라봤는지 알 수 있는 하나의 사건이 있었습니다. 간호지원단의 단장을 맡은 플로렌스에게 나이팅게일 양(Miss)이 아니라 나이팅게일 부인(Mrs.)이라는 호칭을 쓴 겁니다. 여성은 그 자체로 불완전한 인격이기 때문에 반드시 결혼해 남편의 성을 사용해야 온전한 한 사람의 몫을 할 수 있다는 인식을 보여 주는 사례가 아닐 수 없습니다.

간호지원단이 스쿠타리 야전병원에 도착했을 때의 반응은 냉랭함 그 자체였습니다. 당시 야전병원의 수석 군의관은 플로렌스를 육군성 장관이 보낸 감시원 정도로 생각했습니다. 그는 간호지원단이 병원 일에 개입하지 못하게 하려고 갖은 애를 썼습니다. 그럼에도 간호지원단은 놀라운 헌신성과 의지로 자신들의 자리를 만들어 냈습니다.

오늘날 간호사의 상징처럼 된 하얀 가운과 모자를 처음 사용한 것도 플로렌스가 이끈 간호지원단입니다. 덕분에 부상병들은 어디서나 쉽게 간호사를 찾을 수 있었습니다. 물론 이렇게 긍정적인 이유만 있었던 것은 아닙니다. 이런 복장을 할 수밖에 없는 까닭도 있습니다. 당시 전쟁터에서는 군인들에 의한 성폭력이 만연했습니다. 부상병들도 예외는 아니었습니다. 그래서 간호사들은 권위의 상징으로 민간인과 구별되는, 경건함을 불러일으키는 상징적인 복장을 할 수밖에 없었던 겁니다. 이렇게 플로렌스와 동료들은 군의관들의 냉대와 방해, 부상병들의 희롱, 그리고 열악한 병원 환경과 싸워야 했습니다.

스쿠타리 야전병원의 상황은 처참했습니다. 환자들 사이로 쥐가 뛰어다니고, 병상 관리가 제대로 되지 않아 환자들을 바닥에 던져 놓다시피 했습니다. 화장실도 제대로 갖춰져 있지 않아 환자들이 누워 있는 바닥 곳곳에서 배설물 썩는 냄새가 진동했습니다.

치료나 처치 순서의 체계나 절차도 없어서 군의관들은 먼저 온 환자, 마침 근처에 있는 환자부터 치료하는 경우가 많았습니다. 그러다 보니 부상이 심한 병사들이 순서를 기다리다 죽어갔습니다. 기껏 치료를 받은 다음에도 비위생적인 환경과 부족한 돌봄으로 인해 결국 사망하는 경우도 많았습니다. 의료 도구나 약품이 제대로 관리되지 않아 제때 치료받지 못하고 목숨을 잃는 경우도 많았습니다.

사실 플로렌스는 스쿠타리 야전병원의 상황이 엉망이라는 것을 알고 병원을 뜯어고치려고 왔습니다. 런던 숙녀병원에 적용한 바 있는 체계적인 병원 경영과 관리를 통해 엉망진창으로 운영되고 있는 야전병원에서 어이없이 희생되는 병사들을 구할 생각이었습니다.

그러니까 플로렌스가 병원을 운영하고, 군의관들이 플로렌스의 지시를 따라야 한다는 뜻입니다. 남자들, 특히 장교인 군의관들이 여자 말을 들어야 한다는 것이죠. 런던 숙녀병원에서 그러했던 것처럼 '그 남자들'은 호락호락 말을 듣지 않았습니다. 플로렌스 역시 호락호락 물러나지 않았습니다. 결국 총리, 장관 등 플로렌스와 친분이 있는 고위층으로부터 "나이팅게일 부인에게 적극적으로 협력하라"라는 지침이 내려왔습니다. 결국 군의관들은 기분 나빴지만 협력할 수밖에 없었습니다.

플로렌스는 즉시 단호하게 지시를 내렸습니다.

"이 병원에서 쓰는 약품과 물품을 모두 조사합니다. 조사 결과는 아무 데나 쓰지 말고 꼭 이 양식에 작성해야 합니다."

"지금까지 별 문제 없었는데 왜 이래라 저래라 하는 거요?"

"이봐요, 아가씨. 아가씨는 아가씨 일이나 해. 전쟁은 남자들의 일이란 말이오."

"병원을 운영하는 것은 우리 업무란 말이오. 당신이 할 일은 환자들 시중 잘 들고, 의사들 심부름 잘하는 거라고."

관리와 장교들은 이런 식으로 윽박지르며 플로렌스의 말을 막았습니다. 장관은 협력하라고 했지, 복종하라고 한 건 아니었으니 말입니다.

하지만 플로렌스는 흔히 말하는 여성적인 태도로 조신하게 대응하는 타입이 아니었습니다.

"이게 별 문제 없는 것입니까? 양심도 애국심도 동정심도 없군요. 적군에게 죽은 병사보다 병원에서 죽은 병사가 더 많습니다."

이렇게 직설적으로 쏘아붙이자 군의관들은 입을 다물 수밖에 없었습니다.

"목록을 다 작성하고 난 뒤 새로 약품이나 물품을 주문할 때는 반드시 나를 통해서 하도록 하세요. 사용할 때도 마찬가지입니다. 약품과 물품은 모두 간호부에서 관리하겠습니다."

이렇게 하여 플로렌스는 어떤 약품이나 물품이 얼마나 모자라는지, 무엇이 어디 있는지 일목요연하게 알게 되었습니다. 부족하면 바로 보급 신청을 해서 떨어지는 일이 없도록 했고, 모든 약품과 물품의 소재를 정리해 응급 상황에서 어디 있는지 찾지 못해 허둥대는 일이 없도록 했습니다.

"지금부터 병원 대청소를 하겠습니다. 모든 병실에 창문을 만들어서 환기가 잘되게 하고, 하수구도 정리하고 무엇보다 화장실을 제대로 만들어 놓아야 합니다. 그리고 침대 시트, 환자들의 옷도 하루에 한 번씩 빨고 소독합니다."

"치료할 일손도 모자라는 판에 그런 일까지 하게 생겼습니까?"

"두고 보세요. 이렇게 하면 치료도 훨씬 잘될 테니. 군의관들께서는 치료에만 신경 쓰세요. 그 치료 효과가 최대한 발휘되도록 하는 일은 우리 간호부서에서 담당하겠습니다."

"좋습니다. 어디 두고 봅시다."

"기왕 두고 보자고 한 김에 하나만 더 부탁드릴게요. 앞으로 환자들이 들어오면 위급한 정도에 따라 순위를 정하고 가장 위급한 환자들만 모아 놓는 병실을 만들어 관리하도록 하죠. 그래서 병원 인력이나 자원을 그 병실에 우선 투입하도록 하죠. 약품과 물품도 미리 배치해 두고."

이게 바로 코로나 바이러스 때문에 뉴스에서 자주 들어봤을 집중치료실(ICU)입니다. 이 개념을 처음 도입한 사람이 바로 플로렌스 나이팅게일이었습니다.

얼마 지나지 않아 스쿠타리 야전병원의 상황은 놀랄 정도로 빠르게 개선되었습니다. 그전까지 야전병원 환자 사망률은 42퍼센트였습니다. 전장에서 전사하지 않더라도 일단 부상병이 되어 실려오면 절반은 죽어나간 셈입니다. 하지만 플로렌스가 조치하고 난 뒤 사망률은 2퍼센트가 되었습니다. 관리들은 눈을 의심했습니다. 수만 명의 병사를 죽음으로부터 구한 것입니다. 적군과 싸워서 아군을 구한 것이나, 부상당한 아군을 치료하여 구한 것이나 전쟁 영웅이긴 마찬가지입니다. 하지만 후자가 더 위대합니다. 누군가를 죽임으로써 아군을 구한 것이 아니니까요.

간호사의 길을 선택함으로써 집안 망신시킨 딸 취급을 받았던 플로렌스의 이름은 이제 나이팅게일 가문의 수치가 아니라 자랑이 되었습니다. 사실상 나이팅게일이라는 이름을 듣고 플로렌스 이외의 다른 사람을 떠올리는 사람은 아무도 없을 테니까요. 그러니 이제부터 나이팅게일이라고 부르겠습니다.

하지만 아무리 환경을 개선해도 약품과 물품을 필요한 만큼 확보하고, 더 많은 의사와 간호사를 투입하기에는 자금이 부족했습니다. 나이팅게일은 필요한 자금을 모으기 위해 스쿠타리 야전병원의 성과를 빅토리아 여왕에게 알리고자 했습니다. 이런 경우 그저 "상황이 좋아졌습니다"라는 말만으로는 부족합니다. 구체적인 증거가 필요하죠. 바로 여기서 '통계학자'로서 나이팅게일의 재능이 빛을 발휘했습니다.

　나이팅게일은 통계에 능한 정도가 아니었습니다. 단지 통계를 다룰 줄 아는 간호사가 아니라 케틀레, 파, 골턴 등과 더불어 통계학을 창시한 1세대 선구자에 속합니다. 대학에 통계학과를 세우는 일에도 적극적이었습니다. 유감스럽게도 이때는 여자가 대학교수를 할 수 없었습니다. 그래서 자꾸 다른 사람들을 내세웠지만, 만약 이런 어이없는 성차별이 아니었으면 나이팅게일은 아마 세계 최초의 통계학 교수라는 타이틀을 얻었을지도 모릅니다.

　나이팅게일이 특히 뛰어난 역량을 발휘한 분야는 통계 자료 뒤에 숨어 있는 현상을 유추해 내는 능력, 그리고 통계 자료를 시각적으로 표현하는 일이었습니다.

　정책을 결정하는 지위에 있는 고위층들에게 숫자로 가득 찬 자료를 제시하면서 알아듣기 쉽게 설명하기란 무척 어려운 일입니다. 하지만 이를 시각적으로 표현하는 그래프를 그린다면 복잡한 통계 자료를 한눈에 알아볼 수 있기 때문에 설득력이 높아집니다.

　통계 자료를 그래프로 표현하기란 매우 어렵습니다. 우선 자료 자체가 가지고 있는 통계적인 의미를 충실하게 이해하고 있어야 합니다. 그래야 그 자료 속성에 맞는 그래프의 형식을 정할 수 있습니다. 그리고 무엇보다 그 통계 자료가 어떤 사회적 현상을 드러내고 있는가, 그 숫자 뒤에 숨어 있는 이야기가 무엇인가 생각해 낼 수 있어야 합니다. 그래야 그 숫자 중에 어떤 부분을 그래프로 표현할 것인지,

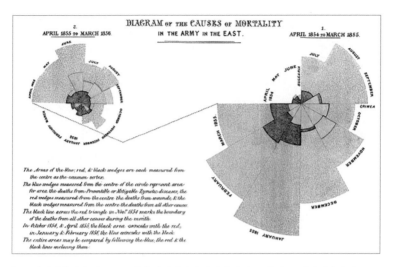

나이팅게일이 만든 스쿠타리 야전병원의 사망자 관련 통계 자료. 직관적이면서도
아름답게 표현해 '장미꽃 그래프'로 불립니다.

그리고 어떤 부분을 강조할 것인지 등을 정할 수 있습니다.

당시 통계학자들은 이를 막대그래프나 꺾은선그래프로 표시하는
것까지는 시도했습니다. 그런데 막대그래프나 꺾은선그래프는 시각
적으로 아름답지 않습니다.

나이팅게일은 길이가 아니라 면적을 활용하는 그래프를 개발함
으로써 복잡한 통계 자료를 매우 직관적이면서도 아름답게 표현했습
니다. 이것이 바로 유명한 '장미꽃 그래프'입니다. 이 장미꽃 그래프
를 두고 당시 통계학자들은 통계 자료를 너무 희화했다며 비난했지
만, 어쨌든 알아보기 쉽지 않습니까? 더구나 영국 왕실의 상징은 장

미꽃입니다. 그러니 장미꽃 모양으로 표현된 통계 자료처럼 여왕을 설득하기 좋은 자료가 어디 있겠습니까?

앞서 소개한 그래프는 1854년부터 1856년까지 매달 스쿠타리 야전병원에서 사망한 병사의 수와 사망 원인의 비율 변화를 한눈에 알아볼 수 있게 표시한 것입니다. 이 그래프를 보면 사망자 수가 2년 사이에 극적으로 줄어들었으며, 특히 전염병 등 전투 이외의 원인으로 사망한 병사가 크게 줄어들었음을 알 수 있습니다. 수학을 극도로 싫어하던 빅토리아 여왕과 여러 고관이 스쿠타리 야전병원의 상황이 얼마나 좋아졌는지 이해하는 데 아무런 문제가 없을 정도였습니다.

당시 영국 정부는 크림전쟁 때문에 곤경에 처한 상황이었습니다. 마치 걸프전쟁으로 수렁에 빠진 미국 꼴이었습니다. 이럴 때 필요한 존재가 영웅입니다만, 이렇다 할 전과가 없어 영웅 만들기도 쉽지 않았습니다. 그런데 험악한 전쟁터로 달려가 부상병들을 돌보는 여성, 더구나 신분까지 높은 여성이라면 어떨까요? 하얀 옷을 입은 천사로 선전하기에 안성맞춤 아니었을까요?

사실 나이팅게일은 병원 전체 일을 관리하느라 환자를 하나하나 챙기는 경우가 많지 않았다고 합니다. 그리고 간호사들 관리도 쉽지 않았습니다. 군의관들은 고위층 '빽'과 본인의 카리스마로 휘어잡을 수 있었습니다. 하지만 간호사들은 나이팅게일이 직접 모집하거나 양성한 간호사들 외에 성공회, 가톨릭 교회 등에서 자원 봉사로 나선 수녀들도 있어서 각자의 규율과 규칙에 따라 움직였고, 그들 사이의 알력도 적지 않았습니다.

그럼에도 병사들은 매일 밤 등불을 들고 병상 사이를 돌아다니는 하얀 옷의 나이팅게일을 볼 수 있었습니다. 그것만큼은 반드시 직접 챙겼다고 합니다. 그리고 그 강렬한 이미지는 입에서 입으로 전해지면서 마침내 영웅을 애타게 기다리던 종군기자들에게 포착되었습니다. 이로써 '하얀 옷의 천사' 신화가 만들어졌고, 이런 이미지는 보수적인 지배층과 빅토리아 여왕을 감동시키기에 충분했습니다. 남성들에게도 전혀 위협적으로 느껴지지 않았을 것이고요. 아마도 지배층 남성들은 장관에게도 마음에 상처를 입을 정도로 독설을 쏟아붙이는 이 여걸을 '하얀 옷의 천사' 이미지로 포장하는 일에 얼씨구나 하고 나섰을 겁니다.

빅토리아 여왕은 크게 감동해 나이팅게일에게 은으로 된 브로치를 선사합니다. 성은이 망극할 일이긴 하지만 한심한 일이기도 합니다. 여자는 훈장을 받을 수 없어서 대신 브로치를 선사한다고 했으니 말입니다. 그런 시대였습니다. 그런 시대에 결혼도 거부하고 이런 일을 해낸 인물이 플로렌스 나이팅게일입니다.

가문의 영광이 된 나이팅게일은 그야말로 영웅이 되어 금의환향합니다. 그리고 1860년에는 런던에 세계 최초의 간호학교인 '나이팅게일 간호학교'를 설립하고 전문적인 간호사를 양성하기 시작했습니다. 간호사의 위상이 더 이상 병원에서 환자들의 시중을 들고 의사의 심부름이나 하는 하녀가 아니라 전문적인 기술과 지식이 필요한 전문 의료인으로 바뀐 것입니다.

나이팅게일은 간호학교뿐 아니라 병원도 세웠습니다. 나아가 영국의 보건의료 정책과 빈곤층 복지 정책에도 깊이 관여했습니다. 나이팅게일은 보건의료 정책에 관여한 이유가 무엇보다도 심각한 빈부격차, 사회적 불평등의 고통을 덜어주기 위해서임을 잊지 않았습니다. 그래서 빈곤층의 건강에 깊은 관심을 보였고, 빈곤층이 거주하던 지역의 열악한 위생상태를 개선하는 데 여생을 다 바치다시피 했습니다.

이런 일에는 통계학이 매우 중요한 도구였습니다. 영국 왕립통계학회의 유일한 여성 회원으로 활동하던 나이팅게일은 여러 통계 자료를 통해 빈곤층의 열악한 상황을 파악하고, 개선점을 찾아내려 했습니다. 이런 시도는 당시 케틀레, 생시몽, 콩트 같은 인물이 문을 연 '사회학'의 문제의식과 일맥상통합니다. 어떤 의미에서 나이팅게일은 세계 최초의 여성 사회학자라고도 할 수 있는 것입니다.

나이팅게일의 명성과 영향력은 곧 온 유럽으로 퍼져 나갔습니다. 국제적십자운동의 창시자 앙리 뒤낭 역시 나이팅게일의 영향을 받았다고 밝혔습니다. 이후 국제적십자위원회에서 세계 각국의 우수 간호사를 선정해 '나이팅게일 기장Florence Nightingale Medal'을 수여하고 있기도 하지요.

1907년, 나이팅게일은 에드워드 7세로부터 여성 최초로 영국 왕실 훈장을 받습니다. 나이팅게일에게 훈장을 수여하기 위해 영국 서

나이팅게일은 남성들이 만든 헌신적이고 사랑 넘치는 천사 같은
간호사가 아니라 보건의료 정책 전문가이자 사회운동가, 그리고 매우
적극적인 페미니스트였습니다.

훈 규정을 개정한 결과입니다. 빅토리아 여왕으로부터 여자는 훈장을 받을 수 없다며 브로치를 받았던 때를 떠올리면 참으로 큰 변화가 아닐 수 없습니다. 나이팅게일이 헌신적이고 사랑 넘치는 간호사가 아니라 사회운동가, 사회개혁가, 매우 적극적인 페미니스트였기에 가능한 일 아니었을까요?

이렇게 인류를 위해, 또 여성을 위해 많은 일을 한 나이팅게일은 다른 사람의 건강을 보살피는 사람답게 스스로의 건강도 잘 챙겼던 모양입니다. 19세기 기준으로는 경이로울 정도로 장수했으니까요. 1910년 8월 13일, 세상을 떠날 당시 아흔 살이었습니다. 여든이 넘어서도 활동을 멈추지 않았고, 세상을 떠나기 1년 전까지도 사회·보건 정책에 많은 관심을 보이며 활기찬 생활을 했습니다.

나이팅게일의 유언은 살아온 삶의 위대함에 비하면 참으로 겸손하고 소박합니다. 이름을 남기지 말 것, 장례식을 소박하게 치르고 어떤 기념물도 남기지 말 것, 그리고 시신을 해부용으로 기증할 것이었습니다. 그래서 나이팅게일의 무덤에는 이름 대신 "F. N. 1820년에서 1910년까지 생존"이라고만 되어 있습니다. 무덤이 남아 있는 것을 보면 시신을 해부용으로 기증하라는 유언만은 차마 지키지 못한 모양입니다.

자신을 요란하게 기념하는 것을 경계하는 유언을 남겼음에도, 오늘날 세계는 성대하게 나이팅게일의 생일인 5월 12일을 '세계 간호사의 날'로 지정해 기념하고 있습니다.

물론 나이팅게일의 지나친 신격화, 우상화에 대한 비판의 목소리도 있습니다. 사실 나이팅게일 본인도 그런 것을 그리 좋아하지 않았고요. 유언에서 알 수 있듯이 나이팅게일은 소명의식에 따라 때로는 고집스럽고 비타협적으로 일했지만, 자신의 명성에 대한 욕심을 부린 인물은 아닙니다. 하지만 이후 역사는 어찌하다 보니 '모든 영광을 나이팅게일에게'라는 식의 우상 만들기로 흘러간 면도 없지 않은 듯합니다. 아마도 나이팅게일은 자신의 진실을 가리는 이 우상을 좋아하지 않을 것이며, 기꺼이 깨뜨려 주기를 바랄 것입니다. 하나하나 짚어 봅시다. 그렇다고 평생을 헌신한 그 위대한 삶이 훼손되는 것은 아닐 테니까요.

첫째, 나이팅게일은 최초의 간호사도 최초의 전문직 간호사도 아닙니다. 나이팅게일이 독일에 가서 간호학교를 다녔다는 것 자체가 그 증거입니다. 간호학교가 있었다는 것은 이미 훈련된 간호사가 존재하고, 또 간호학이 상당 수준 이론화되어 있었다는 뜻입니다. 그러니 나이팅게일이 간호학을 과학화, 이론화 한 인물이라는 영광을 독차지하는 것은 부당합니다. 그 밖에도 종교적인 이유로 보수를 받지 않았지만 가톨릭, 성공회 수녀들 중에도 상당한 수준의 전문성을 가진 간호사가 많이 있었습니다.

둘째, 나이팅게일 한 사람에게 존경이 집중되면서 다른 훌륭한 간호사들의 업적이 가려지고 말았습니다. 이는 나이팅게일이 다른 간호사들보다 월등히 높은 사회적 지위를 가지고 있었기 때문이 아니냐는 냉소적인 평가도 있습니다.

자메이카의 메리 시콜 역시 나이팅게일과 같은 시대에 활약했던 유명한 간호사입니다. 메리 시콜은 나이팅게일과 마찬가지로 크림반도에 가서 부상병을 도왔습니다. 나이팅게일과 같이 일하고 싶어 했지만, 나이팅게일은 시콜을 좋아하지 않았습니다. 흔히 알려진 것처럼 인종 차별 때문은 아닌 것으로 보입니다. 아마 시콜이 치료비를 받았다는 게 나이팅게일 눈에 거슬렸을 겁니다.

그 외에도 파스퇴르의 혁신적인 학설을 무시하고, 전염병의 세균 감염설을 받아들이지 않았습니다. 계속해서 전염병은 더러운 공기를 통해 확산된다고 주장하고, 때와 장소를 가리지 않고 병원 창문을 활짝 여는 일을 고집했습니다. 그러다 오히려 환자들의 건강을 해치기도 했습니다.

이 정도를 들어 볼 수 있겠네요. 하지만 그렇다고 나쁜 이미지가 생기나요? 아닐 겁니다. 하지만 하얀 옷의 천사는요? 아마 더 이상 천사로 보이지 않을 것입니다. 어렵고 고통받는 사람들을 위해 싸우는 하얀 갑옷의 기사가 여기 있습니다. 플로렌스 나이팅게일입니다.

자신만의 방식을
찾아야 합니다

연애소설의 전형을 만든 소설가
제인 오스틴
Jane Austine
1775~1817

그동안 영국 화폐에 등장한 인물은 크게 정치가(웰링턴, 처칠), 과학기술자(뉴턴, 다윈, 스티븐슨, 페러데이, 와트), 예술가(셰익스피어, 디킨스, 엘가) 그리고 여성이었습니다. 다른 분야와 달리 여성을 하나의 분야로 취급한 까닭은 4개의 권종 중 여러 분야에서 남성 인물을 하나씩 할당한 뒤, 마지막 한 장에 흔히 여자들의 일이라고 여겨지는 간호사, 아동보육, 사회적 돌봄 등의 영역에서 일한 여성 한 사람을 할당했기 때문입니다. 때로는 4개 권종 모두 남성으로만 채워진 적도 있었습니다.

그러다 보살핌 영역이 아닌, 남자들의 일이라고 여겨진 문학 영역에서 처음으로 화폐에 초상을 올린 여성이 등장합니다.『오만과 편견』으로 유명한 소설가 제인 오스틴이 10파운드 지폐에 입성한 것입니다. 이는 제인 오스틴의 소설들을 '여자들이나 보는 로맨스물'이 아니라 윌리엄 셰익스피어, 찰스 디킨스 같은 대문호들과 동등한 가치를 지니는 영문학의 고전으로 인정했다는 뜻이기도 합니다.

제인 오스틴의『오만과 편견』,『이성과 감성』,『에마』같은 작품은 전 세계에 번역되었으며, 영화와 TV드라마로 수없이 만들어지고 또 만들어졌습니다. 그런데 이렇게 유명한 작가인 제인 오스틴의 생애는 의외로 알려진 게 많지 않습니다. 길지 않은 40여 년의 생애 동안 이름을 감추고 글을 발표했기 때문입니다. 이게 바로 18세기, 19세기 여성들의 현실이었습니다.

제인 오스틴은 1775년에 영국 햄프셔주 스티븐턴에서 교구 목사인 조지 오스틴과 커샌드라와의 사이에서 태어났습니다. 모두 7명의 형제자매가 있었는데, 큰오빠 제임스와 넷째 오빠 헨리는 옥스포드 대학에 들어간 지식인이었고, 셋째 오빠 에드워드는 부잣집 양자로 입양되고, 다섯째 오빠 프랜시스와 남동생 찰스는 해군 장교가 되었습니다.

전형적인 영국 중산층 가족으로 남자 형제들은 최고의 교육을 받았지만, 언니와 제인은 이렇다 할 교육을 받지 못했습니다. 20세기 이전의 작가들 중 여성 작가는 손에 꼽을 정도로 적은 까닭이 바로

제인 오스틴의 초상이 실린 10파운드 지폐

여기 있습니다. 책을 쓸 수 있을 정도의 교육을 받지 못한 겁니다.

제인 오스틴 역시 열 살 때부터 2년간 수도원 기숙학교에서 공부한 게 공식적인 교육의 전부입니다. 그런데도 영문학을 대표하는 대문호가 되었다니 정말 놀랍지 않습니까? 더 놀라운 사실은 그마저도 당시 소녀들 치고는 교육을 많이 받은 것이라는 겁니다.

제인 오스틴은 소녀 시절부터 소설을 썼습니다. 하지만 소설가가 될 생각은 없었습니다. 여성이 쓴 소설이 책이 되어 나온다는 생각 자체를 하기 어려운 시대였으니까요. 주로 공책에 적어 친구나 가족 모임에서 낭독하고, 오빠들에게 편지 대신 단편 소설이나 연재 소설을 보내주곤 했습니다.

그런 제인 오스틴의 인생을 바꾸어 놓은 사건은 바로 연애입니다. 스물한 살 때 톰 러프로이라는 청년과 사랑에 빠졌지만 남자 쪽 집안에서 '신분의 차이'를 이유로 강하게 반대해 결실을 맺지 못했습니다. 이때 제인 오스틴은 남성의 선택을 받아 아내가 되지 않으면 살아갈 길이 막막한 여성의 절박한 상황을 깨닫고, 이에 불만을 가지기 시작했습니다. 이런 불만이 동력이 되었는지『엘리너와 메리안』,『첫인상』 등의 소설을 썼습니다.

자신의 작품을 책으로 낼 생각은 못했던 제인 오스틴에게 용기를 준 것은『첫인상』을 읽은 아버지였습니다. 아버지의 권유로『첫인상』을 출판사에 보냈지만 아무 반응이 없었습니다. 하지만 이때부터 소설을 써서 책을 내겠다는 목표를 가지고 글을 쓰기 시작했습니다.

1797년에는『엘리너와 메리안』의 착상들을 바탕으로『이성과 감성』을 쓰기 시작했고, 1803년에는 마침내『레이디 수전』의 판권을 출판사에 판매하는 데 성공했지만, 막상 책으로 나오지는 않았습니다.

1805년 아버지가 사망한 뒤에는 어머니와 언니, 이렇게 세 여성이 함께 사우스샘튼에서 살다가 1809년에 부유한 셋째 오빠 에드워드의 영지로 옮겨가 그곳에서 계속 살았습니다.

서른여섯 살이 된 1811년에야 처음으로『이성과 감성』을, 그리고 2년 뒤에는『첫인상』을 바탕으로 고쳐 쓴 대표작『오만과 편견』을 발표했습니다. 물론 모두 익명이었습니다. 작품은 크게 성공하여 유명해졌지만, 정작 제인 오스틴의 이름은 아무도 몰랐습니다. 심지어 가족이나 친구들조차 이 유명한 작품들의 작가가 제인 오스틴이라는 것을 몰랐습니다. 왜 그랬는지는 본인이 밝히지 않았으니 정확히 알 수 없습니다. 하지만 여성이 유명한 작가가 되는 것을 부담스러워 해야 했던 시대라는 것만은 분명합니다.

제인 오스틴의 정체는 마흔 살이 된 1815년, 『에마』 출판 직전에 우연히 밝혀집니다. 하지만 제인 오스틴은 영광을 오래 누리지 못했습니다. 그로부터 겨우 2년 뒤 마흔두 살의 나이로 에디슨병으로 추측되는 희귀병에 걸려 사망하고 말았습니다.

이탈리아
리라화

리라는 유럽 화폐가 유로화로 통합되기 전까지 이탈리아에서 사용한 화폐입니다. 1리라가 0.6원 정도였는데, 선진국 화폐 중 우리나라의 원화보다 가치가 낮은 화폐는 리라뿐이었습니다. 환율도 불안정해 국제 통화로는 거의 통용되지 않았고 이탈리아인들조차 리라보다는 독일의 마르크를 선호했습니다.

하지만 그리스의 드라크마와 더불어 세계에서 가장 오래된 화폐 중 하나로 역사적 의미와 가치가 적지 않습니다. 그런데 놀랍게도 그 기나긴 역사를 가진 리라화에 얼굴을 올린 인물들 중 여성은 단 한 명뿐입니다. 그나마 리라화가 유로화로 통합되어 버렸으니 이탈리아는 단 한 명의 여성만 화폐에 이름을 올리고 말았습니다.

배움에는 남녀가 따로 없단다.
마리아 배우고 싶은 만큼
마음껏 배우렴~!

여자는 훌륭한 신사를 만나
결혼해서 가정을 잘
이끌면 되지!

뭘 더 배우고
알아야 한단 말이냐!

아버지! 전 의대에
진학하겠어요.

뭐? 여자가 의사를 한다고?
남자 몸에 손을 대겠다는거냐
응? 아이고~!

사람을 돕고 싶어요. 아버지!

아픈 사람을 돕는 일보다
더 아름다운 일이 어딨겠어요.

그렇지!

애들아!

선생님!!

하하하-

까르르-

인간은 세상을 보다 나은 곳으로 만들기 위해 존재한다

독보적 교육학자
마리아 몬테소리
Maria Tecla Artemisia Montessori
1870~1952

이탈리아의 단 한 명뿐인 화폐 나라 여성은 1,000리라 지폐의 주인공인 위대한 교사 마리아 몬테소리입니다. 위대한 교사가 여성을 대표하는 인물로 화폐에 실리는 건 그다지 놀랍지 않고 상투적이라는 느낌이 듭니다. 전통적으로 교육, 특히 유아·아동 교육은 '여자의 일'로 여겨졌기 때문입니다.

우리나라만 하더라도 어린이집, 유치원, 초등학교 교사 대부분이 여성입니다. 중고등학교 교사 역시 절반 이상이 여성입니다. 아직도 기성세대는 "여자 직업으로는 역시 선생이 최고지"라는 식의 말을 합니다. 교육대학이나 사범대학에 진학하고자 하는 학생도 여학생이

이탈리아의 화폐에 실린 여성 인물은 위대한 교육학자 마리아 몬테소리가
유일합니다.

훨씬 많습니다. 그러니 교사를 화폐 인물로 선정하는 것은 오히려 여
자들은 여자에게 적합한 일에 몰두하라는 차별 메시지를 강화하는
게 아닐까요?

그런데 이상한 점이 있습니다. 교사의 절반 이상이 여성이라면,
그리고 교육이 다른 분야에 비해 여성의 참여가 활발했던 분야라면
역사적으로 유명한 교육자 명단에 다른 분야에 비해 여성의 이름이
눈에 띄게 많아야 정상입니다. 하지만 전혀 그렇지 않습니다.

독일의 교육 역사학자 한스 쇼이얼이 쓴 『교육학의 거장들』이라
는 1,000쪽이 넘는 책이 있습니다. 이 책에는 위대한 교육자 37명의
일대기가 수록되어 있는데, 여성은 단 한 명입니다. 바로 마리아 몬테

소리입니다.

정말 교육이 여성에게 적합한 일이고, 전형적인 '여자의 일'이라면 어떻게 이런 일이 있을 수 있을까요? 어쩌면 교육마저도 여자는 '남자가 정해 준 프로그램, 남자가 짜 준 내용을, 남자의 관리·감독을 받아가며 전달하는' 정도만 해야 한다고 생각한 것은 아니었을까요? 여성이 많이 참여한다는, 사회적으로 여성의 영역이라고 여겨지는 교육에서조차 여성에 대한 대접이 이 수준입니다.

그만큼 마리아 몬테소리는 독보적인 존재입니다. 그럼에도 교육학자들, 심지어 진보적인 교육운동가들조차 단 하나뿐인 여성 교육자 몬테소리를 프뢰벨, 듀이, 프레네만큼 많이 인용하거나 참고하지 않습니다. 기껏 영유아 교육 전문가, '어린이집'을 처음 만든 사람, 교구 개발자 정도로 알고 있는 경우도 많습니다. 교육학의 역사에 남자들 틈을 비집고 이름을 올린 여성 교육자가 여성이 대부분인 교사들 사이에서도 제대로 가치를 평가받지 못하고 있는 것입니다. 심지어 몬테소리가 여성이라는 것을 모르는 경우도 많았습니다.

마리아 몬테소리의 업적은 단 한 사람뿐인 여성 교육자 그 이상입니다. 듀이, 피아제, 프뢰벨, 비고츠키 같은 교육사의 거인들과 어깨를 나란히 할 자격이 있는 위대한 교육학자이며, 진보적인 교육운동가입니다. 그리고 그러한 업적을 남기기까지 살아온 과정 역시 전통적인 여성상과 거리가 멀었고, 오히려 그 여성상을 부수고 넓히기 위한 분투의 과정이었습니다.

이제 마리아 몬테소리의 삶의 궤적을 따라가 봅시다.

마리아 몬테소리(이하 몬테소리)는 1870년, 이탈리아의 작은 도시인 키아라발레에서 태어났습니다. 아버지 알레산드로 몬테소리는 공직자였는데 지역의 국영 담배 공장의 관리자로 상당한 사회적 지위를 가지고 있었고, 어머니 레닐데 스토파니는 당시 여성으로서는 교육 수준이 높은 편이었습니다. 그럼에도 레닐데는 여성이라는 이유로 고등교육을 받지 못한 것에 한을 가지고 있었습니다. 그래서 어려서부터 딸에게 남자와 다름없는 교육을 받도록 격려했습니다.

"배움에는 남녀가 따로 없단다. 마리아, 너는 똑똑한 아이야. 대부분의 남자아이들보다 더. 너는 공부하고 싶은 만큼 공부하고, 배우고 싶은 만큼 배우렴."

하지만 아버지의 생각은 달랐습니다.

"여자가 적당한 수준의 교양을 갖추어 숙녀가 되면, 훌륭한 신사를 만나 결혼하여 아이를 잘 양육하고 가정을 잘 이끌면 되지. 뭘 더 배우고 알아야 한단 말이오?"

다행히 아버지는 구시대의 가치관을 가졌지만 아내를 존중하고 사랑했기 때문에 몬테소리의 교육은 주로 어머니 뜻대로 이루어졌습니다. 또 하나 다행스러운 것은 몬테소리가 태어난 곳은 작은 시골 도시인 키아라발레였지만 다섯 살 되던 해에 로마로 이사 갔고, 이후 계속 로마에서 자랐다는 것입니다. 덕분에 몬테소리는 보수적인 분위기의 시골 대신 개방적이고 변화에 민감한 분위기에서 자랐습니다.

초등학교 시절 몬테소리는 그리 눈에 띄는 학생은 아니었다고 합니다. 공부 잘하고 동정심이 많고 남을 잘 도와주어서 선행상을 자주 받는 학생이었습니다. 그야말로 전형적인 모범생이었죠. 하지만 초등학교를 졸업할 무렵 몬테소리의 남다른 경로가 시작되었습니다. 공업기술고등학교(우리나라의 중고등학교 통합과정)로 진학하고 싶다고 선언한 겁니다.

19세기 후반 이탈리아는 요즘 같은 패션과 유행의 나라가 아니었습니다. 영국이나 프랑스보다 많이 뒤처진, 여전히 농업을 기반으로 하는 보수적이고 시대에 뒤떨어진 나라였습니다. 그러니 몬테소리의 말이 얼마나 이상하게 들렸을까요?

"여자가 기술을 배워서 뭘 하겠다는 거냐?"

아버지는 벌린 입을 다물지 못했습니다. 그러자 몬테소리가 단호하게 대답했습니다.

"여자아이들이 가는 학교는 수학과 과학을 제대로 가르쳐 주지 않아서요. 저는 수학과 과학이 좋아요. 더 공부하고 싶어요."

"여자가 그런 걸 배워서 도대체 뭘 하겠다는 거냐?"

아버지는 반대했지만 몬테소리의 고집을 꺾지는 못했습니다. 물론 어머니는 몬테소리의 결정을 적극적으로 지지했습니다.

결국 몬테소리는 미켈란젤로 부오나로티 기술고등학교에 진학합니다. 당시 이탈리아의 기술고등학교는 우리나라의 특성화 고등학교나 마이스터고등학교보다는 과학고등학교에 더 가까웠습니다. 즉 기술을 배워 취업하는 학교가 아니라 과학, 의학, 공학 분야의 대학 진학을 목표로 하는 학교였습니다.

여기서 몬테소리는 수학, 기하학, 역사, 지리, 물리학, 생물학 등을 공부했습니다. 흔히 여학생은 문학, 남학생은 과학이라는 선입관이 아직까지도 남아 있지만, 몬테소리는 150년 전에 이를 보기 좋게 깨뜨렸습니다. 수학과 물리학에서 남학생들을 압도한 겁니다. 당시 몬테소리에 대한 교사들의 평가도 '학업이 우수하며, 특히 수학에서 탁월함'이었습니다.

1886년, 몬테소리는 우수한 성적으로 기술고등학교를 졸업했습니다. 몬테소리의 아버지는 원하는 만큼 공부했으니 이제 결혼을 하라고 했습니다. 그러나 몬테소리는 대학에 가고 싶어 했습니다. 당시 여자는 대학에 가는 경우가 거의 없었고, 대학은커녕 고등학교를 졸업한 경우도 드물었습니다. 그래서 고등학교를 졸업하면 유아나 어린이 교육을 담당하는 교사가 될 수 있었습니다. 몬테소리의 아버지는 대학 진학은 전혀 생각하지 않고 있었기 때문에 몬테소리에게 몇 년간 아이들을 가르치다 결혼을 하라고 권유했습니다. 하지만 몬테소리는 의사가 되고 싶다며 의과대학에 진학하고 싶다는 의지를 피력하여 아버지를 놀래켰습니다.

당시 이탈리아에서 여자 의사는 상상할 수 없는 일이었습니다. 이

마리아 몬테소리는 듀이, 피아제, 프뢰벨, 비고츠키 같은 교육사의
거인들과 어깨를 나란히 할 자격이 있는 위대한 교육학자이며, 진보적인
교육운동가입니다.

탈리아 전역을 통틀어 여자 의사는 단 한 명도 없었고, 당연하지만 의과대학에 다니는 여학생 역시 한 명도 없었습니다.

"여자가 의사를 한다고? 피를 보고, 고름을 짜고, 남자들 몸에 손을 대겠다는 거냐?"

"사람을 돕고 싶어요. 아픈 사람을 돕는 일보다 더 아름다운 일이 어디 있겠어요?"

이번에도 아버지는 몬테소리의 고집을 꺾지 못했습니다. 마침내 몬테소리는 로마대학교 의과대학에 지원서를 냈습니다.

이번에는 대학이 혼란에 빠질 차례입니다. 로마대학교 의과대학은 개교 이래 여학생이 단 한 명도 없었을 뿐 아니라 여학생이 지원한 적도 없었습니다. 그래서 여학생을 어떻게 해야 한다는 규정 자체가 없었습니다. 아니, 여학생이 올 가능성 자체를 생각하지 않았기 때문에 '남학생만 지원 가능' 같은 규정도 없었습니다. 그런데 몬테소리의 성적은 합격선을 넉넉히 넘어섰기 때문에 이대로라면 여학생의 입학을 허가해야 할 형국이었습니다.

이 무렵 로마 의과대학 교수들 사이에는 파벌이 있었는데, 하필이면 몬테소리의 입학 허가 여부가 이 파벌 싸움의 소재가 되고 말았습니다.

교수들 사이에 입씨름이 벌어지는 등 한바탕 소동 끝에 결국 몬테소리는 로마 의과대학으로부터 입학 불가를 알리는 통지를 받았습니다.

귀하는 우수한 성적을 거둔 학생이기는 하지만, 해부학 실습이 필수인 의
과대학의 특성상 기절할 가능성이 큰 여학생은 다니기 곤란하다고 판단하
였습니다.

한마디로 '여자라서' 안 된다는 것입니다. 의대에 진학하지 못한
몬테소리는 무척 상심했습니다. 어쩌면 그 감정은 슬픔이 아니라 분
노였을지도 모릅니다.

몬테소리는 지나간 일에 연연하기보다는 새로운 일을 개척하고
전진하는 성격이기 때문에 바로 다음 계획을 세웠습니다. 비록 당장
의과대학 입학은 거절당했지만 일단 다른 전공으로 대학에 들어간
다음 편입을 노리는 것이었습니다.

그래서 지원서를 자연과학부로 바꾸어 다시 제출했습니다. 몬테
소리는 우등생이었기 때문에 두말없이 입학 허가가 나왔습니다. 의
외로 아버지도 순순히 받아들였습니다. 대학 진학 자체를 반대했던
것에 비하면 엄청난 변화였습니다. 아마 의과대학이라는 말에 너무
놀란 나머지 의과대학만 아니라면 어디라도 좋다고 생각했는지도 모
르겠습니다.

대학에 진학한 몬테소리는 자연과학부를 마치 의과대학 예비학
교처럼 활용했습니다. 주로 수강한 과목들만 보면 의도가 보일 정도
였습니다. 식물학, 동물학, 실험심리학, 조직학, 해부학, 일반화학, 유
기화학 등 하나같이 의학을 공부할 때 도움이 되는 학문들이며 의과

대학에서도 어차피 1, 2학년 때 다 배워야 할 과목들입니다. 몬테소리는 의사의 꿈을 포기하지 않았던 것입니다.

1892년, 몬테소리는 학부를 마치고 이학사 학위를 받았습니다. 지금이야 학사는 어디서 학위라고 말하기도 어려운 시대가 되었지만, 19세기는 고등학교만 졸업해도 교사를 하던 시절이었습니다. 그러니 대학을 졸업한 학사는 그야말로 '지식인', '전문가' 소리를 들을 정도였습니다.

하지만 몬테소리에게는 이제 시작일 뿐이었습니다. 의사가 되기 위해 필요한 기본 지식과 소양을 학부에서 다 배웠지만 그 지식을 적용하는 실습과 경험이 필요했습니다. 의과대학에서도 더 이상 몬테소리를 거부할 명분이 없었습니다. 이미 자연과학부를 다니면서 많은 과학 실험, 동물 해부 실습 등을 했으니 "여자는 겁이 많아서 안 돼"라고 핑계를 댈 여지도 없었습니다. 그리고 그 무렵 로마 의과대학은 몬테소리에게 호의적이었던 파벌에게 주도권이 넘어간 상태였습니다.

마침내 1893년 로마대학교 의과대학은 몬테소리의 편입을 허가했습니다. 이탈리아 역사상 최초로 의과대학에 진학한 여성이 탄생하는 순간입니다.

모든 선구자들이 그렇듯, 몬테소리의 의대 생활은 결코 편하지 않았습니다. 비록 편입을 허용했지만 기존의 의대생들과 교수들, 한마디로 남자들의 텃세가 무척 심했습니다. 상당수는 단순한 텃세를 넘어 몬테소리에게 적대감을 감추지 않았고 요즘 같으면 성희롱, 성폭력이라고 불러야 마땅한 각종 희롱이나 괴롭힘도 그치지 않았습니다. 강의실에 들어가거나 나올 때마다 남학생들이 휘파람을 불거나 야유하는 정도는 일상생활이나 다름없었습니다.

의사가 되기 위해 필수적인 과정인 해부학 실습도 제대로 받지 못했습니다. 다른 남자들과 같은 자리에서 벌거벗은 남자 몸을 만지고 보는 일은 부도덕한 일이라는 엉뚱한 이유 때문이었습니다.

그래서 몬테소리는 해부학 실습 시간에 남자들 눈에 띄지 않는 곳에 따로 '격리'되었다가 수업이 끝난 다음에야 실습실에 들어가 잠깐 동안 혼자 실습해야 했습니다. 해부학 실습에 사용되는 시체가 남자만 있는 게 아닐 텐데, 남자는 벌거벗은 여자 몸을 만져도 되고, 여자는 안 된다는 건 당연히 말도 안 되는 핑계입니다.

이런 악랄한 방해와 따돌림에 굴하지 않고 몬테소리는 편입한 첫 해에 바로 우등상을 받았고, 2년 만에 병원에서 인턴으로 일하면서 임상 경험을 쌓기 시작했습니다. 이미 대부분의 남학생들을 멀찌감치 따돌리고 있었습니다.

특히 몬테소리가 관심을 가졌던 분야는 소아과와 정신과였습니다. 사실 여성에게 폐쇄적인 의학계에서 그나마 허용되어 있던 영역이기도 했습니다. 아무래도 치료와 보살핌의 중간 영역이기 때문입니다. 애초에 몬테소리는 사람들을 돕는 것이 목적이었고, 특히 아이들을 좋아했기 때문에 별 불만이 없었습니다. 소아 상담실과 소아 응

급실에서 임상 경험을 하면서 몬테소리는 아예 소아 의학으로 방향을 잡았습니다.

1896년, 몬테소리는 의과대학을 졸업하고 이탈리아 최초의 여성 의사가 되었습니다. 정확한 자료는 없지만 이 무렵 유럽 전체에서도 여성 의사는 손에 꼽았을 겁니다.

의사가 된 몬테소리의 첫 직장은 로마대학 부속병원이었습니다. 여기서 몬테소리는 인생을 바꿀 경험을 합니다. 정신과 의사이면서 동시에 소아과 의사였기 때문에 자연스럽게 정신장애가 있는 어린이들을 관찰할 기회가 많았는데, 이 관찰이 몬테소리를 위대한 교육자로 만드는 밑거름이 된 겁니다.

몬테소리는 지적 장애 어린이들에게 주목했습니다. 지적 장애 진단을 받은 어린이들 중 상당수가 학습 곤란에서 비롯된 후천적인 결과가 아닐까 의심했습니다. 즉 정신질환이 아닌 학습 문제로 바라본 것입니다. 그 당시에는 지적 장애는 물론 일탈이나 비행까지 모두 '질병'으로 취급했습니다. 그래서 도움이 필요한 어린이나 청소년에게 도움을 주기는커녕 강제로 치료하거나 치료 명목으로 격리하는 경우가 많았습니다.

'저 아이들은 아픈 게 아니야. 제대로 배우지 못한 거야. 어릴 때부터 배우지 못하거나, 잘못된 방법으로 배우다 보니 나이를 먹어도 제대로 성장하지 못한 거야. 저 아이들에게 맞는 학습 방법을 개발할 수

있다면, 그래서 제대로 가르친다면 얼마든지 정상 아동이 될 수 있는 아이들이야.'

이게 몬테소리의 생각이었습니다.

몬테소리는 교육이 곧 치료라고 생각했습니다. 그러나 의학만으로는 부족함을 느껴 정식으로 교육학을 공부해야겠다고 생각합니다. 책 몇 권 사서 보는 것만으로는 성에 차지 않았던 거죠. 그리하여 몬테소리는 로마대학교에 편입해 교육학을 공부합니다. 이때 몬테소리는 교육학 저서와 논문을 두루 섭렵했습니다. 스스로 이렇게 회상할 정도였습니다.

"지난 200년간의 중요한 교육학 이론들을 모조리 읽었다."

이러한 노력을 인정받아 몬테소리는 토리노에서 열린 의학협회에서 '청소년 비행에 대한 사회적 책임'이라는 주제로 연설을 했습니다. 그런데 이 연설은 정작 의사가 아니라 교육자들의 관심을 끌었습니다. 여러 지역 교육위원회가 앞다투어 몬테소리를 초청해 지적 장애 아동이나 비행 청소년을 돕는 교육적 치료 방법에 대한 견해를 물었습니다. 몬테소리의 방법은 '교육적 치료'라는 명칭을 달고 있었지만 사실상 교육이었습니다. 이때부터 몬테소리는 의사에서 교사로 서서히 변신하기 시작합니다.

몬테소리는 당장 실천에 나섰습니다. 우선 자신이 일하고 있는 로마대학병원에서 인지 과정에 어려움을 경험하는 어린이들을 돕는 프로그램을 적용하기 시작했습니다. 이 프로그램은 병원에서 치료라는 이름으로 이루어졌지만 분명히 교육의 관점에서 설계되었고, 실제로 의사뿐 아니라 정식 자격을 갖춘 교사들이 함께 참여해 진행되었습니다.

이를 통해 몬테소리라는 이름은 의학계보다는 교육계에 널리 알려지기 시작했습니다. 아동 정신과 의사이자 인지장애 어린이 교육 전문가로. 그리고 다른 나라에도 이름이 알려져 스위스, 프랑스, 독일 등지에 초청을 받아 강연을 다니기도 했습니다.

그런데 이렇게 맹렬하게 활동하던 몬테소리의 몸에 뭔가 큰 변화가 일어났습니다. 연인이자 동료 의사였던 주세페 몬테사노와의 사이에서 아이가 생긴 겁니다.

주세페는 남자들이 똘똘 뭉쳐 몬테소리를 따돌리고 괴롭혔던 의과대학 시절 몬테소리의 편이 되어 준 몇 안 되는 남학생 중 하나였습니다. 졸업한 다음에도 지적 장애 아동들을 위한 프로그램을 운영하는 몬테소리의 든든한 지원군이 되어 주었습니다.

요즘에도 혼전 관계로 임신한 여성은 많은 눈총을 받고, 사회적으로 어려운 처지가 되기도 합니다. 하물며 19세기, 여자가 대학에 진학하는 것조차 도끼눈을 뜨고 바라보던 시절입니다. 그런데 미혼모가 된다? 이건 사회적인 매장이나 다름없었습니다. 사회적 매장을 면하는 길은 하나뿐이었습니다. 바로 주세페와 결혼하는 것.

하지만 주세페는 몬테소리와 결혼할 수 없다는 청천벽력 같은 대답을 내놓았습니다. 어머니의 반대가 매우 심하며 임신했다는 사실은 말도 꺼내지 못했다고 했습니다. 주세페의 어머니뿐 아니라 몬테사노 집안 전체가 몬테소리와의 결혼을 반대했는데, 그 이유는 어처구니없게도 몬테소리가 의사였기 때문이었습니다.

그런 시대였습니다. 의사가 되었다는 것, 남자에게만 허용되었던 영역에 뛰어들었다는 것 자체만으로 남성뿐 아니라 기성세대 여성들까지 손가락질하던 시대, 의사가 되겠다고 결심하고 노력한 것만으로 이미 '여자답지 못하고, 아내가 될 수 없는' 몹쓸 여자 취급을 받던 시대였습니다.

주세페의 아내가 되려면 의사를 포기하라는 요구를 몬테소리는 단칼에 거절했습니다. 미혼모라는 멍에를 피하기 위해 그동안의 연구와 실천을 버리면서까지 주세페의 아내가 될 생각이 전혀 없었습니다. 이후 몬테소리는 결혼은 물론 연애도 하지 않았습니다.

하지만 어쨌든 출산은 해야 했고, 공개적으로 출산할 수도 없었습니다. 19세기에, 그것도 교육 활동을 하고 있는 독신 여성이 임신과 출산을 한다는 건 사회적 자살이나 다름없었으니까요.

결국 몬테소리는 이런저런 이유를 대고 병원에 휴직계를 낸 뒤 친정에 들어가서 비밀리에 아들 마리오를 낳았습니다. 1898년 3월 31일이었습니다. 하지만 직접 키울 수 없어서 위탁가정에 맡겨야 했고, 조카라고 소개할 수밖에 없었습니다.

그동안 주세페는 집안에서 좋아할 만한 다른 여성과 결혼했고, 몬테소리는 깊은 배신감을 느꼈습니다. 결국 몬테소리는 대학병원을 떠나 자유와 마음의 평화를 얻습니다. 그리고 이탈리아와 유럽을 활발하게 다니면서 활동을 시작했습니다.

먼저 토리노 교육위원회를 설득해 정신장애 학생들을 위한 특수학급과 연구소를 개설하고, 이를 담당할 교사 훈련 프로그램을 운영했습니다.

이 프로그램은 금세 이탈리아 전역에 알려져 여러 지역에서 몬테소리 프로그램을 적용하는 특수학급들이 개설됩니다. 1899년에는 '지적 장애 아동 보호를 위한 전국 연맹'이 결성되고 몬테소리는 연맹의 고문이 되었습니다.

연구소 부설 프로그램만으로는 특수학급에서 가르칠 교사를 양성하기 어려울 정도로 이탈리아 전역에 특수학급이 들어섰습니다. 그래서 여자대학에 교사 양성을 목적으로 한 강좌가 개설되었고, 몬테소리가 강의를 담당했습니다.

이런 노력은 이듬해 지적 장애 아동을 교육하고 이를 담당할 교사를 훈련하는 '의학 교육학 연구소' 설립으로 결실을 맺었습니다. 몬테소리는 이 연구소의 공동 대표가 되었습니다. 그런데 어째서 이 모든 일을 도맡아 한 몬테소리가 '공동' 대표라야 했을까요? 여기에는 아직도 풀리지 않은 불평등과 차별의 문제가 있습니다. 다른 공동 대표는 과연 여성이었을까요, 남성이었을까요? 네, 바로 그 문제입니다. 하지만 실제로 이 연구소는 몬테소리 혼자 운영하는 곳이나 다름없었습니다.

몬테소리의 연구소는 정부, 시민단체, 교육계 및 정신의학계 저명 인사들의 엄청난 관심을 받았습니다. 교육의 효과는 경이로웠습니다. 여기에서 교육받은 어린이들은 대부분 일반 학교에서는 교육이 불가능하다는 판정을 받은 아이들이었습니다. 그런데 몬테소리의 프로그램을 이수한 뒤에는 이른바 '정상 아동'이 치르는 시험에 보기 좋게 합격하는 아이들도 속출했습니다.

몬테소리는 이 연구소를 2년간 이끌었습니다. 2년 동안 수많은 교사와 교류했고, 자신의 연구와 방법이 단지 지적 장애 아동에만 적용되는 것이 아니라 일반적인 교육학, 즉 일반 아동에게도 적용 가능할 것이라는 자신감을 키워 나갔습니다.

몬테소리는 정신의학 영역과의 교집합이 아닌 온전한 교육학의 영역으로 옮겨가기 위해 모든 아동의 교육을 위한 일반 교육학 방법과 교재를 개발하기 시작했습니다. 이를 위해 다시 대학에 가서 철학을 공부하기 시작했습니다. 몬테소리는 장애아뿐 아니라 어린이 전반에 대한, 어린이의 성장과 발달에 대한, 나아가 사람에 대한 포괄적이고 인문학적인 이해를 하고 싶었던 겁니다. 충분히 공부하는 것이 목적이었기 때문에 굳이 졸업할 때까지 다니지 않고 도중에 그만두긴 했지만, 여성이 대학에 진학하는 것도 드물던 시대에 의과대학을 포함해 대학을 네 번이나 다닌 몬테소리의 배움에 대한 집념이 참으로 놀랍습니다.

몬테소리는 직접 초등학교를 찾아가서 수많은 수업 관찰, 그리고 수업 실습도 했습니다. 말하자면 교생 실습을 한 셈입니다. 장애 학생뿐 아니라 일반 학생에도 적용 가능할 것이라고 믿었던 자신의 교육 방법을 직접 현장에서 시험해 본 것이죠. 이런 식으로 몬테소리는 소아정신과에서 지적 장애 아동 교육으로, 그리고 다시 아동 교육 일반으로 서서히 영역을 옮겨 나갔습니다.

몬테소리의 학습 순서는 다른 교육학의 거장들과 비교하면 정반대의 순서로 이루어집니다. 유명한 교육자들은 인문, 철학 계열 출신이 많습니다. 철학, 인문학에서 교육학을 거쳐 심리학이나 생물학으로 지평을 넓히는 경우가 많았습니다. 반면 몬테소리는 철저히 자연과학적인 기반 위에 서 있었습니다. 자연과학, 의학, 심리학, 교육학, 철학 순서로 인식을 넓혀 나갔으니까요.

몬테소리는 자신의 교육학이 철저히 자연과학적 기반을 가지고 있음을 분명히 인식하고 있었고, 또 이를 자랑스럽게 생각했습니다. 그래서 다른 교육학과 구별하기 위해 자신의 교육학을 '과학적 교육학'이라고 불렀습니다. 오늘날에는 교육학을 과학적 토대 위에서 사고하는 것이 당연한 상식이 되었고, '교육 공학'이라는 말도 거침없이 사용되고 있지만, 그 선구자 중 하나가 몬테소리라는 점은 잘 드러나지 않습니다. 여성에 대한 편견 때문일까요? 여성과 과학은 어울리지 않는다는?

어쨌든 이렇게 길고 다양한 공부를 마친 몬테소리는 1904년에 로마대학교에서 인류학과 교육학을 강의할 자격을 얻었습니다. 의사로

마리아 몬테소리는 소아정신과에서 지적 장애 아동 교육으로, 그리고
다시 아동교육 일반으로 서서히 영역을 옮겨 나갔습니다.

출발해 대학에서 교육학 강의까지 하게 된 겁니다. 이때 진행한 몬테소리의 강의는 훗날 『교육학적 인류학』으로 출판되었습니다.

1907년, 몬테소리는 마침내 정신의학과 교육학의 교집합인 지적 장애 아동의 영역이 아니라 완전한 교육학의 영역, 일반 교육학을 실천할 기회를 잡습니다. 로마시 산 로렌초구 교육위원회에서 저소득 노동계급 밀집 지역 어린이의 보육과 교육을 의뢰한 것입니다. 몬테소리는 이를 두말없이 받아들였습니다.

여기서 몬테소리는 어린이의 보육과 교육을 담당하는 기관을 개설하고, '어린이집Casa dei Bambini'이라고 이름 붙입니다. 우리에게 너무나 익숙한 이름이 바로 여기서 비롯된 것입니다. 물론 몬테소리가 말하는 어린이집은 교육기관이기 때문에 우리나라의 어린이집과는 의미가 다릅니다.

이 어린이집은 병원이나 연구소의 부속 시설이 아닌 온전한 정식 학교로 3~6세 사이 어린이를 대상으로 몬테소리가 개발한, 다양한 방법을 적용한 교육을 실시했습니다. 이제 몬테소리는 병원이나 연구소의 다른 사람들(주로 남자들)의 간섭 없이 그동안 조각조각 떨어져 있던 자신의 교육학 아이디어와 방법 들을 체계적인 이론으로 엮어내고, 교육 실천에 적용하여 정교화하고, 필요한 교재를 개발하는 작업을 할 수 있게 되었습니다. 오늘날에도 전 세계적으로 사용되는 각종 몬테소리 교구, 교재, 가구 들이 이때부터 개발되었습니다.

지금은 너무나 당연한 것 중 몬테소리가 시작한 것이 많습니다.

1. 무거운 책상과 의자 들을 어린이들이 옮기기 쉬운 작고 가벼운 것으로 바꿔 언제든지 교실 공간 배치를 바꿀 수 있게 한 것.
2. 어린이들의 손이 닿는 곳에 어린이 사이즈로 제작된 교재들을 배치한 것.
3. 어린이들이 어른의 도움 없이 독립적으로 할 수 있는 교재들을 개발하여 배치하는 것.

몬테소리 프로그램에서 어린이들은 놀라운 집중력과 주의력을 발휘했고, 이 집중력과 주의력을 상상 이상으로 오래 지속시키는 자기 규율을 보여 주었습니다. 더 나아가 어린이들은 이러한 자기 규율과 집중력에 힘입어 자기 연령에게 기대되는 수준보다 훨씬 더 높은 수준의 텍스트를 읽고 글을 썼습니다. 지적 장애 아동을 일반 아동 수준으로 끌어올리기도 했던 몬테소리의 방법이니 당연한 결과였습니다.

이로써 몬테소리는 어린이는 자기 규율 능력이 없고, 집중력이 부족하기 때문에 어른이 계속 관리하고 챙겨야 한다는 기존의 통념을 통렬하게 반박했습니다. 교사가 모든 어린이를 나름의 의지와 개성을 가진 개인으로 대하고 각자 나름의 잠재력을 발휘할 수 있도록 하는, 그래서 다소 어수선해 보이는 교실이 실은 교육이 활발하게 일어나는 곳이라는 생각이 인정받게 되었습니다. 그동안 통일적이고 질서 있고 규율 잡힌 교실이 교사의 능력을 보여 준다고 여겨졌지만, 이제 그런 전통적인 교육관은 강력한 도전을 받게 되었습니다. 오늘날 '혁신학교'의 원조를 만든 셈입니다.

어린이집의 성공은 금세 알려졌습니다. 그리하여 이듬해인 1907년에 두 번째 어린이집이 문을 열었고, 1909년에는 다섯 개로 늘어났습니다. 몬테소리가 직접 운영하기 어려운 외국에서도 몬테소리의 프로그램을 적용하는 곳이 생겼습니다. 특히 스위스나 독일의 '유치원Kindergarten' 중 유치원의 창시자인 프뢰벨의 방법 대신 몬테소리의 방법을 채택하는 곳이 하나둘 늘어나기 시작했습니다.

이건 굉장한 사건입니다. 몬테소리가 프뢰벨이라는 전 시대 아동 교육의 대표자와 대등한 혹은 그를 넘어서는 위치에 도달했음을 보여 주는 것이니까요. 몬테소리는 개인적으로 프뢰벨의 교육학에 큰 영향을 받았고, 스승으로 여기고 있었습니다. 그야말로 '청출어람이 청어람'인 셈입니다.

몬테소리 혼자서는 늘어나는 어린이집을 감당하기 어려워졌습니다. 더 많은 교사가 필요했습니다. 이전에 운영했던 특수아동 교육과정이 아니라 일반 교육과정에 몬테소리 방법을 적용할 교사들을 양성할 필요가 커졌습니다. 몬테소리는 이를 위해 『어린이집에서 교육에 적용된 과학적 교육학의 방법』이라는 책을 발간하고, 이를 기반으로 하는 교사 양성 과정을 로마와 밀라노에 개설했습니다. 이 양성 과정에는 이탈리아뿐 아니라 유럽과 미국에서 찾아온 교사 지망생이 줄을 이었습니다.

이때 몬테소리는 굉장히 큰 결단을 내립니다. 놀랍게도 의사 면허를 반납한 겁니다. 그때까지는 의사와 교사를 병행하고 있었지만, 어린이집이 계속 늘어나면서 도저히 함께할 수 없었던 것이죠. 이제 둘 중 하나를 선택해야 했고, 몬테소리는 의사와 관련한 모든 지위에 대해 사직서를 제출한 뒤 전적으로 교육에 헌신했습니다.

몬테소리에게 교사란 정숙한 숙녀의 연장선상이 아니라 의사의 연장선상에 있는 일이었습니다. 아내, 어머니, 주부로서의 삶 대신 전문적인 직업인으로서의 삶을 선택했다는 점에서, 다른 사람들을 보살피고 도움을 주는 가운데 보람을 느낀다는 점에서 말이죠.

몬테소리의 교육학은 아주 빠르게 퍼져 나갔습니다. 1911년에는 이탈리아와 스위스 공립학교가 공식적으로 몬테소리 교육학을 채택했습니다. 그러자 영국에서도 몬테소리에게 교육과정을 의뢰했습니다. 파리를 비롯한 유럽 여러 도시에 몬테소리 학교가 문을 열었습니다. 아르헨티나, 오스트레일리아, 중국, 인도, 일본에까지 몬테소리 학교가 세워졌습니다. 무엇보다 미국에서의 확산이 굉장했습니다. 아무래도 교과서에 얽매이지 않는 자유로운 정신을 강조하는 몬테소리의 교육학이 당시 미국인의 정서와 잘 어울렸던 것 같습니다.

1911년 10월, 미국 최초의 몬테소리 학교가 뉴욕에서 문을 열었습니다. 전화를 발명한 그레이엄 벨과 아내가 몬테소리의 지지자가 되었습니다. 그들은 뉴욕의 몬테소리 학교 1호, 캐나다의 2호를 모두 후원했습니다. 몬테소리를 개인적으로 알지도 못하고, 만난 적도 없는데도 말입니다. 그로부터 2년 만에 미국에는 100개가 넘는 몬테소리 학교가 세워졌고, 몬테소리협회까지 만들어졌습니다. 몬테소리의 교수법을 정리한 책인 『몬테소리 방법』은 미국에서 베스트셀러가 되었습니다. 물론 이 책은 미국뿐 아니라 영국, 스위스, 폴란드, 러시아, 네덜란드, 스페인, 덴마크 등에서도 출간됐습니다.

이런 국제적인 수요를 감당하기 위해 몬테소리는 교사 양성 프로그램을 국제화했습니다. 1913년, 로마에 국제 교사 연수 과정을 개설하자 전 세계에서 교사들이 몰려왔습니다. 미국에서 온 교사들만 60명이 넘었습니다. 비행기도 없던 시절 배를 타고 대서양을 건너서 말입니다.

이런 열기에 고무된 몬테소리는 직접 미국으로 건너가 순회강연을 했습니다. 1913년과 1915년에 이루어진 강연에서는 가는 곳마다 수천 명의 교사, 교육학자, 교육행정가 들이 몰려와 몬테소리의 수업을 참관하고 열띤 토론을 주고받았습니다. 몬테소리 교육은 스페인, 네덜란드, 영국, 이탈리아에서 빠르게 확산되었습니다. 이제 학교 수를 헤아리기 힘들 정도가 되었습니다.

이렇게 승승장구하던 몬테소리였습니다만, 크나큰 실수를 저지르고 맙니다. 다름아닌 무솔리니 정권과 협력한 것입니다. 그렇다고 몬테소리가 파시스트라거나 파시즘에 동조한 것은 아닙니다. 다만 이탈리아인으로서 이탈리아 정부에 협력했을 뿐이고, 공교롭게도 당시 총리가 무솔리니였던 겁니다.

그 무렵 무솔리니는 오랫동안 투신했던 사회주의 활동을 접고 새로 파시즘을 만들어 가던 무렵이었습니다. 이 무렵의 파시즘은 그때까지만 해도 계급 간의 갈등과 반목을 줄이고 모두 '국민'으로 화합하여 '로마제국'의 영광을 되찾자 수준이었습니다. 무솔리니는 이를 위해 교육이 중요하다고 보았고, 특히 플라톤의『국가』에 나오는 것처럼 유아기부터 모든 국민이 통일된 교육을 받는 국민교육 체제를 세우고자 했습니다. 그런데 하필 이 무렵 이탈리아에서 가장 유명한 교육자가 몬테소리였습니다.

1924년, 무솔리니는 몬테소리 교육을 국가 계획에 집어넣었고, 몬테소리 교원양성대학을 설립하는가 하면, 몬테소리 연구소들을 적극적으로 지원했습니다. 이때까지만 해도 몬테소리에게 무솔리니는 교사 출신의 이탈리아 정부 총리였으며, 무솔리니에게 몬테소리는 이탈리아가 배출한 세계적인 교육자였을 뿐입니다.

하지만 서로 상극이라는 것이 밝혀지기까지는 몇 년 걸리지 않았습니다.

"이보시오, 몬테소리 선생. 정부 돈을 받아서 학교를 운영하면 정부에게 협조적인 교육을 해야 하는 겁니다. 이 아이들이 정부를 믿고, 정부를 따르고, 이탈리아를 위해 자신을 희생할 수 있도록 투철한 애국심을 가르치라는 말이오. 이 어수선한 교실은 대체 뭐란 말이오?"

이런 노골적인 불만이 계속 정부로부터 내려왔습니다.

"계속 이런 식이면 선생의 학교에 더 이상 재정 지원을 할 수 없소."

마침내 최후통첩까지 내려왔습니다.

하지만 대놓고 몬테소리를 어쩌지는 못했습니다. 워낙 국제적으로 저명한 인물이었기 때문입니다.

1932년, 몬테소리는 프랑스 니스에서 '평화와 교육'이라는 주제로 연설을 했습니다. 연설문을 입수한 무솔리니는 몬테소리에 대한 지원을 끊는 정도가 아니라 적극적으로 탄압하고 제거해야겠다고 마음먹습니다. 개인의 특성과 자율을 인정하지 않고 모든 국민을 국가와 민족이라는 전체를 위한 도구로 만들고자 하는 파시즘과 아이들을 개성이 넘치고 자유를 사랑하는 자율적인 시민으로 성장시키고자 하는 몬테소리 교육이 상극이라는 것을 알아챈 겁니다.

몬테소리는 교사들의 권위주의적 교육에 강력히 반대하고 어린이의 권리 존중을 주장했습니다. 그러면서 어린이의 발달을 북돋는 자유로운 교육, 한 사람 한 사람의 활동 리듬과 개성에 맞춘 교육을 실시했습니다. 이런 교육을 받은 어린이들은 자율성과 자발성을 깨우쳐 스스로 학습하고, 스스로 자기계발에 적합한 환경을 만들어 갑니다. 따라서 몬테소리 교육은 몸과 마음, 특히 감각기관을 자유롭게 활용하는 가운데 이루어지며, 이를 위해 다양한 도구를 활용하는 놀이 프로그램을 강조했습니다.

자, 여기서 어린이 대신 시민이나 국민을 집어넣는다면 어떻게 될까요? 무솔리니의 파시즘 같은 전체주의가 절대 용납할 수 없는 아주 강력한 민주주의 교육이 됩니다.

무솔리니 정권은 재정 지원을 끊음과 동시에 정치적 박해를 가하기 시작했습니다. 몬테소리 학교가 볼셰비즘, 공산주의를 가르친다는 소문이 나돌기 시작했습니다. 곳곳에서 몬테소리 학교에 경찰과 파시스트 들이 들이닥쳐 빨갱이 몰이를 했습니다.

1989년에 우리나라에서도 어느 초등학교 선생님이 학생들에게 교과서 대신 놀이를 가르치고, 모둠 활동을 하고, 토론 수업을 시켰다고 빨갱이로 몰려 결국 해직당한 사건이 있었습니다. 묘하게 겹쳐지는 장면입니다.

1930년대 무솔리니 정권은 1980년대 노태우 정권보다 훨씬 흉폭합니다. 몬테소리는 자리에서 물러나는 정도가 아니라 생명의 위협까지 느꼈습니다. 결국 더 큰 피해를 당하기 전에 이탈리아를 떠나기로 결심했습니다. 망명객이 된 것입니다.

결과적으로 차라리 잘된 일이 되었습니다. 덕분에 무솔리니의 협력자라는 불명예를 씻을 수 있었으니까요. 몬테소리가 이탈리아를 떠나자 무솔리니는 거침없이 모든 몬테소리 학교와 연구소를 폐지했습니다.

그래도 몬테소리는 외롭지 않았습니다. 장성한 아들 마리오 몬테소리가 함께했기 때문입니다. 저명한 교육자가 미혼모라는 것이 받아들여지지 않던 시대라 공개적으로는 아들이 아니라 조카라고 소개되었지만, 마리오는 어머니의 그런 사정을 충분히 이해하는 청년이었습니다. 무엇보다도 몬테소리에게는 마리오 역시 자신의 뒤를 이

어 교사의 길을 걷는다는 것이
큰 기쁨이었습니다.

마리오는 1929년에 몬테소
리와 함께 국제몬테소리협의회
AMI를 설립했습니다. 국제몬테
소리협의회는 전 세계에 흩어
져 있는 몬테소리 학교와 단체
들의 활동을 총괄하고 교원 양
성을 관리하는 단체였습니다.
또 몬테소리의 저작 발행, 공인

몬테소리 모자

된 교구의 생산 및 판매도 관리했습니다. 세계 곳곳의 저명인사가 후
원자로 등록했는데, 심리학자인 프로이트와 피아제도 있었습니다.
마리오는 국제몬테소리협의회의 각종 행정 및 경영과 관련된 사무를
도맡아 처리했습니다.

몬테소리는 잠시 영국에 머무르다 네덜란드에서 안식처를 찾았
습니다. 여기서 아들 마리오와 공동 연구를 했고, 새로운 교재와 교구
를 개발했습니다. 비록 조국 이탈리아에서는 모두 퇴출되고 말았지
만, 여전히 전 세계에 수많은 몬테소리 학교가 있었습니다.

1937년, 독일 나치 정권 역시 포악한 전쟁 세력임이 드러나고 유
럽에 전운이 감돌았습니다. 몬테소리의 관심사는 온통 평화였습니
다. 평화교육과 평화학의 필요성을 부지런히 이야기했고, 이는 바로

유아·어린이 교육에서부터 이루어져야 한다고 역설했습니다.

그러던 중 머나먼 인도에서 초대장이 날아왔습니다. 인도에도 몬테소리 학교가 널리 퍼져 있었습니다. 저명한 시인이자 교육자인 타고르가 몬테소리의 책을 읽고 감명받아 여러 군데 타고르-몬테소리 학교를 세웠던 것입니다.

예나 지금이나 인도는 빈민이 엄청나게 많았습니다. 이 빈민 교육에 인도의 미래가 걸려 있다고 생각한 선각자들에게 몬테소리 교육은 아주 매력적이었습니다. 존 듀이의 실험학교는 중산층 학생들을 대상으로 했지만, 몬테소리 학교는 처음부터 지적 장애 아동과 빈민 아동 등 소외 계층을 대상으로 했기 때문입니다.

1938년, 마리오와 함께 인도로 간 몬테소리는 여러 대학에 순회 강연을 다니면서 자신의 교육학을 보급했습니다. 특히 빈민 구제 및 교육 사업을 열심히 펼치고 있는 '신지학협회'를 위해 교육과정을 개발해 주는 등 보람찬 일을 했습니다.

그런데 2차 세계대전이 일어나며 몬테소리 모자는 6년간 인도에 억류당합니다. 당시 인도는 영국의 식민지였는데, 몬테소리 모자는 망명객이긴 했지만 이탈리아 국적이었습니다. 즉 영국 영토 안에 적대국 국민이 있는 셈이었습니다.

결국 의도치 않게 '포로' 신세가 된 몬테소리 모자는 전쟁이 끝날 때까지 인도를 떠날 수 없게 됐습니다. 다만 저명한 교육학자이고, 무솔리니 정권의 박해로 망명을 떠난 처지라 다른 포로들처럼 수용소에 억류되지는 않았습니다.

몬테소리 모자는 6년간의 억류 기간을 매우 알차게 보냈습니다. 주로 3~6세 어린이를 대상으로 하던 몬테소리 교육학을 6~12세로 확장하는 연구를 한 것입니다. 몬테소리는 이를 '우주적 교육cosmic education'이라고 불렀습니다. 자연 세계의 여러 요소를 학습하면서 이를 통합하여 보편적인 앎으로 확장시켜 나가면서 우주적인 이해에 도달한다는 것입니다.

몬테소리는 이 과정에 필요한 구체적인 단원들을 개발하고, 삽화와 도표를 그렸으며, 수업 방법을 고안했습니다. 나중에는 식물학, 동물학, 지리학 교재까지 만들었습니다. 특히 인도에서의 경험은 몬테소리에게 큰 도움이 되었습니다. 유럽에 비해 교육 수준이 매우 낮아 성인을 대상으로 유아교육 수준의 교육을 해야 하는 경우도 많았기 때문입니다. 이는 몬테소리로 하여금 영유아기, 아동기를 넘어 사람의 전체 연령대의 교육과 발달에 대해 연구할 기회를 주었습니다. 유아기의 교육이 어른이 된 다음에도 큰 영향을 준다는 결론을 얻었습니다. 그리하여 몬테소리는 다시 출발점인 유아교육 연구로 돌아오게 되었습니다.

마침내 전쟁이 끝나고 유럽으로 돌아갈 수 있게 되었습니다. 칠십이 넘었지만 여전히 열정적이었던 몬테소리는 떠나기 전에 스리랑카의 국가 교육 과정과 교원 양성 과정 수립을 도와주었습니다.

이후 인도는 젊은 시절 미국이 그랬던 것처럼 몬테소리가 새로운 교육을 역동적으로 실험할 수 있는 곳이 되었습니다. 1946년, 네덜란드로 돌아온 다음에도 몬테소리는 유럽과 인도를 오가며 생활했습니다. 인도에서 교사훈련 과정을 열고 매우 중요한 강의를 했는데, 이 강의를 정리한 것이 바로 몬테소리 교육학을 집대성한 것으로 평가받는 『흡수하는 마음』입니다.

이 책에서 몬테소리는 전쟁의 참화로 갈갈이 찢긴 세계를 재건하고, 다시는 이런 참화를 겪지 않는 평화로운 세계를 만드는 과제가 0~6세 사이 어린이 교육에 달려 있음을 역설하며 구체적인 교육 방법과 사례를 들었습니다. 또한 새로 설립된 유네스코에 이탈리아 대표로 참가해 전쟁으로 파괴된 지역, 빈곤에 허덕이는 신생독립국가의 교육 지원에 힘썼습니다. 이러한 노력 덕분에 몬테소리는 여러 차례 노벨 평화상 후보에 올랐지만 끝내 수상하지는 못했습니다. 그리고 얼마 지나지 않아 세계는 위대한 선생님을 잃었습니다. 1952년, 몬테소리가 뇌출혈로 세상을 떠났습니다. 여든한 살이었습니다.

지금까지 몬테소리의 일대기를 살펴보았습니다. 어떤 생각이 드시나요? 그저 유명한 유치원 원장님 정도가 아니라는 것을 알 수 있습니다. 그와 비슷한 시대를 살아간 유명한 교육학자 존 듀이, 레프 비고츠키, 셀레스탱 프레네 등과 비교해서 손색없음을, 아니 그 교육 활동의 넓이와 탐구의 깊이로는 다른 동년배들을 압도한다는 느낌을 받았을 것입니다. 그런데도 '여자의 일'로 치부되는 교육의 영역에서

조차 다른 남성 교육자들에 비해 저평가받고 있다고 느껴진다면 너무 비뚤어진 시선일까요?

몬테소리는 선구적인 교육자였을 뿐 아니라 삶의 다른 영역에서도 선구적인 여성이었습니다. 이탈리아 리라화가 폐지되어 더 이상 화폐에서 볼 수 없게 된 것이 안타까울 뿐입니다.

내게 주어진 권리는 자유 아니면 죽음뿐

흑인 노예 인권운동가
해리엇 터브먼

Harriet Tubman
1822~1913

미국은 다원주의와 자유를 세계에 자랑하며, 이를 정체성으로 삼는 나라입니다. 그런데 화폐에 관한 한 그렇게 말할 자격이 없습니다.

1달러-조지 워싱턴, 5달러-에이브러햄 링컨, 10달러-알렉산더 해밀턴, 20달러-앤드루 잭슨, 50달러-율리시스 그랜트, 100달러-벤저민 프랭클린. 모두 20세기 이전의 인물로 정부 고위직을 지낸 남성입니다. 그리고 알렉산더 해밀턴과 벤저민 프랭클린을 제외한 4명은 모두 대통령입니다. 아무리 생각해도 미국적인 가치와는 뭔가 어긋나는 가부장적인 인물 선정입니다. 실제로 미국은 주요 선진국 가운데 단 한 번도 여성인 선출직 정부 수반을 배출하지 못한 나라이기도 합니다. 그래도 변화의 조짐이 있어서 앞으로는 20달러에 여성 인물이 등장할 예정이라고 합니다.

미국 최초로 화폐 나라 시민이 될 예정인 여성은 흑인이자 여성 인권운동가 해리엇 터브먼입니다. 앤드루 잭슨을 대신하게 될 거란 점도 절묘합니다. 앤드루 잭슨은 미국을 과두정에 가까운 나라에서 대중적인 민주국가로 만드는 데 기여했지만 여성과 흑인에 대한 차별주의로 악명 높은 인물이었기 때문입니다.

사실 미국은 여성권리 운동, 페미니즘 운동이 아주 활발한 나라입니다. 어떤 면에서는 종주국이라고도 할 수 있습니다. 1세대 페미니즘 운동(여성 참정권 획득 운동)에서 영국과 함께 선구적인 역할을 했고, 가정폭력·여성의 신체 통제권·여성의 사회적 참여 등의 문제를 제기하며 등장한 2세대 페미니즘, 그리고 여성 문제를 퀴어·인종차별·사회적 소수자에 대한 차별 등 여러 불평등 문제와 중첩시킨 3세대 페미니즘까지 모두 미국에서 시작되어 세계로 퍼져 나갔습니다.

미투Me Too 운동 역시 미국이 원조입니다.

페미니즘 운동의 물결이 일어난 나라인데 그동안 미국 화폐에서 여성이 이렇게 푸대접을 받았다는 것은 참 놀랍습니다. 물론 좀 억울한 면도 있습니다.

미국 달러는 1세대 페미니즘이 등장하기 전인 1913년에 디자

미연방인쇄국이 해리엇 터브먼의 초상을 넣어 만든 20달러 지폐 시안

인이 정해져서 100년이 넘도록 계속 이어져 왔기 때문입니다. 사실 100년 전에는 세계 어느 나라 화폐에도 여성은 없었을 겁니다.

하지만 변명은 변명일 뿐이며, 의식적으로 여성을 화폐 인물로 사용하는 나라들이 늘어나면서 미국에서도 화폐 도안에 여성이 나올 때가 되었다는 여론이 높아졌습니다.

마침내 2015년 미국 재무부는 여성 참정권 획득 100주년이 되는 2020년에 맞춰 20달러 지폐의 인물을 여성으로 바꾸기로 결정했습니다. 인물 선정 기준은 '미국의 포용적 민주주의를 대변하는 인물'이었습니다.

이런 기준에 따라 SNS와 홈페이지 등 온라인으로 인물 추천을 받았는데, 그 결과 가장 많은 추천을 받은 인물이 바로 해리엇 터브먼입니다.

해리엇 터브먼은 미국 역사의 오점과 속죄, 그리고 지향하는 가치를 대변하는 인물이라고 할 수 있습니다. 여성일 뿐 아니라 흑인이며, 실제로 노예 생활을 경험했고, 스스로를 해방시켰으며, 다른 흑인 노예들의 해방을 위해 용감하게 싸웠기 때문입니다.

해리엇 터브먼은 남북전쟁이 일어나기 한참 전인 1822년 남부에서 노예로 태어났습니다. 하지만 농장을 탈출해 북부로 가서 자유민이 되었습니다. 그 이후 자신의 자유만으로 만족하지 않고 다른 흑인 노예들을 북부로 탈출시키는 '지하철도'라는 비밀 조직에서 활동합니다. 1850년부터 10년 동안 다시 노예가 될 위험을 무릅쓰고 남부로 잠입해 300명이 넘는 흑인들을 북부로 탈출시켰습니다. '도망노예법'이라는 악법이 제정되어 노예주가 북부까지 와서 탈출한 노예를 잡아갈 수 있게 되자 아예 캐나다까지 탈출시켰습니다. 탈출시키는 데 그치지 않고 이들이 직업을 구하도록 돕기도 했습니다.

해리엇 터브먼의 활동은 단지 노예의 탈출을 돕는 수준에 그치지 않았습니다. 노예 해방의 결정적인 계기가 된 남북전쟁에도 적극적으로 참전합니다. 처음에는 요리를 하고, 부상병을 간호하는 등 이른바 여성다운 일을 했습니다. 그러다 무장한 정찰병, 남부군에 잠입한 스파이로도 활약했습니다. 군사 고문 자리까지 올라 특공대를 이끌고 남부군을 습격해 700명이 넘는 노예를 구출하기도 했습니다.

남북전쟁이 끝나고 노예제도가 폐지되자, 이번에는 여전히 해방되지 않은 집단, 바로 여성의 권리를 위해 싸우며, 미국의 여성 참정권 운동의 선구자가 되었습니다.

미국이 세계에 자신들을 자유와 민주주의의 수호자라고 자랑한다면, 해리엇 터브먼보다 더 적합한 인물을 찾기 어려울 정도입니다. 그러니 당연히 국민들의 지지를 받아 선정된 것입니다.

노예 해방과 여성 인권을 위해 싸운 해리엇 터브먼

하지만 2020년이 다 지나갈 때까지 해리엇 터브먼의 초상이 실린 20달러 지폐는 발행되지 않았습니다. 2017년 미국 대통령에 당선된 도널드 트럼프가 새로운 화폐를 만드는 데 필요한 위조지폐 대비책이 부족하다는 핑계를 대며 차일피일 미뤘기 때문입니다. 잘 알려져 있다시피 트럼프는 여성 혐오자이며 인종차별주의자입니다. 그러니 자신이 가장 존경하는 대통령인 앤드루 잭슨을 대신해 여성, 더구나 흑인 여성이 20달러 지폐에 오르는 것을 매우 싫어했겠지요. 결국 해리엇 터브먼의 미국 달러 입성은 2028년으로 연기되었습니다. 그런데 도널드 트럼프를 누르고 새로 미국 대통령이 된 조지프 바이든이 해리엇 터브먼의 초상이 실린 20달러화 신권 발행을 정식으로 승인했다고 합니다.

지폐 도안을 잘 바꾸지 않는 미국의 속성상 일단 발행되면 앞으로 수십 년간 사용될 것입니다. 그리고 미국 달러는 세계에서 가장 많이 사용되는 화폐이기 때문에 여기에 얼굴이 실린다는 것은 세계에서 가장 널리 알려지는 인물이 된다는 뜻이기도 합니다. 물론 그 인물이 대표하는 업적, 가치와 함께 말입니다.

대한민국
원화

우리나라 역시 화폐 인물은 늘 남성 일색이었습니다. 충무공 이순신, 퇴계 이황, 율곡 이이, 세종대왕
으로 이루어진 화폐 인물은 50년 동안 한 번도 바뀌지 않았습니다. 남성 일색일 뿐 아니라 모두 조선
시대 인물입니다. 대한민국은 민주공화국으로 그 법통을 조선 왕조에서 이어 온 나라가 아닙니다. 그
나마 세계적인 추세를 따라가기 위해 2009년에야 새로 발행된 5만 원권에 여성 인물 초상을 사용
하게 되었습니다. 하지만 드디어 여성이 우리나라 화폐에 초상을 올렸음에도 마냥 반기기 어려운 사
정이 있습니다. 어떤 사정일까요?

가르쳐 주는 대로 통달하는
총명한 사임당!

송시열

과거에도 거뜬히 급제
할 수 있을 정도로 유교
경전에 해박한 사임당!

사대부의 교양인 서예와
문인화에도 매우 뛰어난
사임당!

아들을 훌륭하게 키워낸
현모양처 사임당!

과연 율곡 이이의
어머니가 될 만합니다.

……

나를 부르는 호칭은
내가 정합니다

자유를 꿈꾼 예술가
신사임당
1504~1551

 우리나라 5만 원권 지폐의 인물인 신사임당은 5천 원권 지폐의 인물인 율곡 이이의 어머니입니다. 어머니와 아들이 동시에 화폐 인물이 된 사례는 아마 전 세계적으로 역사상 우리나라가 유일할 겁니다.

 이 모자는 정부에서 저출산 고령화 문제를 극복한다면서 내놓은 출산 장려 공익광고에도 등장했었습니다. 그런데 이 광고는 출산율을 높이는 데는 전혀 기여하지 못했습니다. 오히려 수많은 여성의 항의를 받고 철회되었습니다. 왜 그랬을까요?

 "위대한 두 모자는 역사상에서 사라졌을 것입니다"라는 말이 문제가 되었습니다. 이 말 속에는 신사임당이 화폐 인물이 될 수 있는

신사임당과 이이를 소재로 한 출산 장려 공익광고

2009년에 발행된 5만 원권에 처음으로 여성 인물의 초상이 실렸습니다.

자격이 본인의 업적이 아니라 아들의 업적에 따라 정해진다는 뉘앙스가 담겨 있기 때문입니다. 만약 신사임당이 아이를 낳지 않았으면 5천 원권 인물만 사라지는 것이지 왜 '모자'가 다 사라진단 말입니까? 신사임당은 이이의 부록이란 말인가요? 이이가 들어가면 같이 들어가고, 이이가 없으면 같이 사라지는?

이제 왜 여성들이 분노했는지 이해가 됐을 겁니다. 더구나 '양육비 걱정'이랍니다. 그러니까 마치 우리나라의 저출산은 여성들이 '돈이 아까워서' '출산이라는 신성한' 의무를 거부하기 때문이라는 메시지가 깔려 있는 겁니다. 이런 시선으로 바라보면 많은 직장 여성들은 자신의 커리어가 아니라 단지 양육비를 벌기 위해 일하는 것으로 보일 겁니다. 남자들은 더 큰 가치와 자기실현을 위해 일하고 여자들은 양육비를 벌기 위해 일한다? 그러고 보면 '워킹 맘'이라는 말은 써도 '워킹 대디'라는 말은 거의 쓰지 않습니다. 이런 불평등한 인식이 저 광고 구석구석 담겨 있는 것입니다.

그런데 역사적인 사실로 따져 보면 신사임당이 많은 자녀를 출산한 까닭은 양육비보다 자녀를 중요하게 생각해서가 아니라, 애초에 양육비 따위는 신경도 안 쓰는 최상류층 여성이었기 때문입니다. 노비가 100명이 넘었고 시댁이 있는 서울에서 강릉에 있는 친정을 자주 오갔습니다. 어린 이이의 손을 잡고 대관령 고개를 넘어가는 여성을 상상하면 안 됩니다. 실상은 가마와 노비 행렬이 이어졌으니까요.

그래서 신사임당을 새로 발권되는 5만 원권 인물로 선정할 때부터 비판이 많았던 겁니다. 새로 발권되는 지폐에 세계적인 흐름을 반영해 여성이 들어가야 한다는 데에는 이미 사회적 합의가 이루어져 있었습니다. 문제는 그 여성을 누구로 할 것이냐는 것이었고, 여성계를 중심으로 많은 토론이 이루어지고 있던 중이었습니다. 그런데 하필 신사임당이라는 발표가 나온 겁니다.

물론 우리나라의 역사가 줄곧 남성 위주로 기록되어 왔기 때문에 화폐에 올릴 만한 여성 위인이 많지 않은 것은 사실입니다. 그렇다면 여성의 사회 참여가 가능해진 근대 이후 인물 중에서 선정하면 되지 않았을까요? 가령 독립운동가 유관순, 김마리아, 화가 나혜석, 소설가 박경리나 박완서 같은 분들이라면 아들이나 남편을 들먹이지 않고도 충분히 화폐에 얼굴을 올릴 만하지 않을까요? 더구나 오늘날 대부분의 선진국은 봉건시대 인물보다는 근현대 인물을 화폐에 올리는 추세이기도 합니다. 일본조차 그렇습니다.

그런데 우리나라 화폐 인물은 모두 근대 이전, 그것도 조선시대 인물들입니다. 심지어 직업이나 가치도 편중되어 있습니다. 퇴계 이황, 율곡 이이, 세종대왕, 신사임당까지 모두 유교적 가치를 대표하는 인물들입니다. 우리나라는 민주공화국인 대한민국이지, 조선이라는 왕국이 아니지 않습니까? 그리고 우리나라의 국시는 '민주주의'이지 '유교'가 아니지 않습니까? 그러니 이참에 여성 인물을 발굴하기 쉬운 근현대 인물 위주로 개편하면 될 텐데 왜 조선을 고집하는지 이해하기 어렵습니다. 시대를 조선으로 한정 지으니 이름이 남은 여성이 거의 없고, 결국 신사임당이 선택된 게 아닐까요?

신사임당의 이름이 유명해진 과정도 오늘날의 여성의 눈으로 보면 탐탁지 않습니다. 신사임당의 이름을 유명하게 만든 사람은 조선 후기 성리학의 거두 우암 송시열입니다. 송시열은 당시 조선 유학계에서 누구도 반박하지 못할 정도로 강력한 권위를 가진 인물이자, 집권당(?)이라고 할 수 있는 서인의 영수였습니다.

당시 성리학의 계보는 서경덕, 이이로부터 내려오는 기호학파와 이황, 조식으로부터 내려오는 영남학파로 나누어집니다. 이들은 각각 서인과 동인이라는 당파를 만들어 당쟁을 일삼았는데, 결국 서인이 승리합니다. 그러니 서인의 영수인 송시열은 말하자면 작은 교황과 같은 존재였던 것입니다. 그렇다면 그 계보를 거슬러 올라갔을 때 도달하는 율곡 이이는 거의 신적인 존재가 되는 셈입니다.

이렇게 서인들은 율곡 이이를 신격화했고, 그 과정에서 어머니 신사임당까지 높이 받들었던 것입니다. 율곡 이이의 신격화에 적극적으로 나섰던 사대부들이 지배했던 조선 후기는 철저한 신분제, 장유유서 등의 위계서열, 그리고 남존여비가 강조되던 시절입니다. 그러니 그들이 공경하기로 하고 받들어 올린 신사임당은 실제의 신사임당이 아니라 그들의 이데올로기를 충족시켜 줄 가상의 인물이었습니다. 율곡 선생의 어머니, 율곡 선생을 성리학의 성현으로 키워낸 철저히 성리학적인 삶의 태도와 가치관을 구현한 현모양처 말입니다.

신사임당의 행적이나 유적 역시 그들이 그려 놓은 가상의 인물에 맞춰야 했을 겁니다. 그 가상에 맞는 것들은 남기고 아닌 것은 감추면서 말입니다. 말하자면 서인, 그리고 거기서 갈라져 나온 노론 지배층에게 신사임당은 일종의 성모 같은 존재였습니다.

이는 송시열이 쓴 어이없는 예찬의 글을 통해서도 확인할 수 있습니다. 다 읽어 볼 필요는 없고 마지막 줄만 보면 됩니다. 뭐라고 했냐 하면, "과연 율곡 선생의 어머니가 될 만하다"라고 했습니다.

참으로 놀라운 발상입니다. 송시열은 이렇게 함으로써 나름 최고의 칭찬을 했다고 생각했을 겁니다. 율곡 선생의 어머니라는데 이보다 더 큰 칭찬이 어디 있느냐고 말이죠. 그런데 말입니다. 아직 태어나지도 않았을 아들이 어머니의 가치를 결정하고 있는 것입니다. '과연 그 어머니에 그 아들이다'가 아니라 '그 아들의 어머니다'라고 말하고 있는 겁니다.

그렇다면 신사임당은 오직 율곡을 낳고 길렀다는 것 외에는 아무 역할도 업적도 없는 것일까요? 정말 신사임당은 그 정도밖에 안 되는 인물이었을까요? 신사임당은 과연 어떤 인물이며 어떤 삶을 살았을까요? 지금부터 신사임당의 삶을 들여다봅시다.

신사임당은 1504년에 강릉에서 태어났습니다. 사임당은 이름이 아니라 호입니다. 그러니 신사임당이 아니라 사임당 신씨 이렇게 불러야 합니다.

원래 이름은 매우 흔하디흔한 이름이라 할 수 있는 인선이었습니다. 신인선. 하지만 안타깝게도 이 이름은 거의 남아 있지 않습니다. 집에서만 불렀으니까요. 조선시대 여성들은 집 밖의 생활을 거의 하지 못했기 때문에 집 밖에서 부르는 이름이라는 개념 자체가 없었습니다. 심지어 왕비조차 문정왕후 윤씨 이렇게 불리는 실정이었으니 말이죠.

사임당의 아버지 신명화는 당시로서는 매우 혁신적인 혹은 좀 엉뚱한 사람이었습니다. 둘째인 사임당을 포함해 딸만 다섯이었는데, 딸들을 매우 열성적으로 가르쳤습니다. 이른바 여성으로서의 도덕(부덕)과 관련되는 책뿐 아니라 『사서삼경』 같은 유교 경전, 『사서집주』 같은 성리학 이론서, 그리고 『자치통감』 같은 역사책들까지 가르쳤던 겁니다.

총명했던 사임당은 가르쳐 주는 대로 솜처럼 빨아들였습니다. 웬만한 선비들을 능가하는 정도가 아니라 남자였다면 과거에 거뜬히 급제할 수 있을 정도로 유교 경전에 해박했습니다. 또한 사대부의 필수 교양인 서예와 문인화(사군자화, 산수화)에도 매우 뛰어났습니다. 특히 산수화를 잘 그렸다고 합니다. 산수화나 사군자화를 그려서 찬사를 받았다는 기록은 물론, 남녀칠세부동석 따위는 무시하고 문인화 품평에 참가했다는 기록도 남아 있습니다.

이렇게 출중한 사임당은 스스로 호를 지었습니다. 사실상 사임당 이전에는 여성이 호를 지어 부르는 경우는 거의 없었습니다. 당시 양반들은 부모가 지어 준 이름을 매우 소중히 여겨서 함부로 부르지 않으려는 경향이 있었습니다. 이름은 집 안에서 가족끼리만 부르는 것이고, 집 밖에서는 '자'나 '호'를 썼습니다. 말하자면 '호'는 일종의 사회적 이름이라고 할 수 있습니다. 그래서 양반들은 바깥 활동을 할 때 서로 자나 호를 불렀습니다. 그렇다면 스스로 호를 지었다는 의미가 무엇인지 짐작할 수 있습니다. 집 밖에서 활동하겠다는 뜻입니다. 집 밖에서 가족이 아닌 사람들을 만나기 때문에 그들이 부를 호칭을 만들겠다는 것이죠.

하지만 사임당이라는 호의 의미 자체는 가부장적이라는 시대의 한계를 보여 줍니다. '사師'는 스승으로 삼는다는 의미이며, '임任'은 주나라 문왕의 어머니 태임을 말합니다. '당堂'은 여성에게 붙이는 호칭인 '~댁'에 해당합니다. 즉 태임을 본받아 문왕 같은 훌륭한 아들을 키우겠다, 이런 뜻입니다. 한마디로 현모양처가 되겠다는 것이죠. 그런데 달리 생각해야 할 지점이 있습니다. 당시 조선 사회에서 여성에게 어떤 역할 모델이 있었을까요? 현모양처 외에는 없었습니다. 그 현모양처나마 당연하게 받아들이는 게 아니라 스스로 선택하고, 여러 현모양처 중 하나를 선택해 스스로 본받겠다며 포부를 밝히는 일은 당시로서는 매우 보기 드문 일입니다.

그럼 왜 하필 태임이었을까요? 사임당의 속마음이야 알 수 없지만, 태임은 아들을 혼자 키워서 제왕으로 만든 어머니입니다. 문왕의 아버지인 계력은 문왕이 태어날 무렵 폭군인 주왕에게 목숨을 잃었습니다. 그래서 태임은 홀로 아들을 데리고 안전한 곳으로 피신한 뒤

아들을 키웠습니다. 그러니 사임당이라는 호 안에는 '내 스스로의 힘으로 아들을 훌륭하게 키우겠다'라는 뜻도 들어 있는 것입니다.

실제로 사임당은 아들을 훌륭하게 키우고, 아들의 선생 노릇을 할 수 있을 정도로 학문을 공부했습니다. 그림을 그려도 아녀자들에 맞다 여겨지던 예쁜 화초 그림 대신 산수화를 좋아했는데, 특히 안견 같은 거장의 산수화를 매우 흠모해 이를 부지런히 베끼기도 하고 연구하기도 했다고 합니다. 놀라운 점은 그렇게 그린 산수화를 여러 사대부들에게 널리 보여 찬사를 받았다는 것입니다.

여기서 벌써 조선시대 아녀자상과 거리가 먼 모습들을 끌어낼 수 있습니다. 산수화를 즐겨 그렸다는 것은 이미 시야가 집 안이 아니라 집 밖으로 멀리 나가 있었다는 뜻입니다. 또 사대부들의 찬사를 받았다는 데에서 이미 사회 활동을 하고 있었음을 짐작할 수 있습니다. 직접 만났을 수도 있고 그림만 전달했을 수도 있지만, 어쨌든 사임당이라는 사회적 이름으로 그림도 그리고 시도 써서 사대부 네트워크에 접속해 활동했다는 것이죠. 어느 모로 보나 집안에서 현모양처로 머무를 타입의 인물은 아닙니다.

어쩌면 아들을 위대한 인물로 키우겠다는 포부도 다만 아녀자의 덕에 충실해서가 아니라 일종의 자아실현일 가능성이 큽니다. 만약 조선시대가 여성의 사회 진출이 가능한 사회였으면 과거시험에 응시해 뜻을 펼치려 하지 않았을까요? 하지만 그 시대에 여성이 이름을 떨칠 수 있는 방법은 자식이 이름을 떨치는 것 외에는 없었습니다.

사임당의 아버지도 딸의 이런 재주와 포부를 잘 알고 있었던 모양입니다. 남자로 태어났으면 마음껏 펼쳤을 포부를 제대로 펼치지 못할 딸의 처지를 안타깝게 여겼습니다.

당시 사대부 집안의 여성들은 일단 결혼을 하면 그때부터 '현모양처'가 되는 일에 전념해야 했습니다. 시를 쓴다거나 글씨나 그림 등 예술 활동을 하는 것은 '기생'이나 하는 짓으로 여겼기 때문입니다. 그래서 신명화는 되도록이면 사임당이 혼인하더라도 예술 활동에 간섭받지 않고, 또 마음 편히 친정살이를 계속할 수 있는 조건을 갖춘 사윗감을 찾았습니다. 그렇게 선택한 사위가 바로 이원수입니다.

이원수는 명문인 덕수 이씨의 자손입니다. 이원수의 당숙 두 사람이 영의정과 좌의정을 지낼 정도이며, 이순신 장군 역시 이 가문 출신입니다. 그러나 그건 친척들 이야기이고, 정작 이원수 본인은 어려서 아버지가 돌아가신 관계로 노모와 둘이서 가난하게 살고 있었습니다. 재주도 신통치 않아 과거는 엄두도 못 내는, 장래성이 별 볼일 없는 청년이었습니다.

"이보시오, 신 공. 아니 당신 같은 명문 대갓집에서 어디 사위를 골라도 그런 사위를 고르시오?"

다들 손가락질을 했습니다. 하지만 신명화는 재주가 출중한 사임당이 시집살이하느라 아까운 재주를 펴지 못하는 꼴만은 보고 싶지 않았습니다. 그러니 가문은 좋으나 능력과 재산은 없는 이원수가 제격이었던 겁니다. 능력과 재산이야 어차피 처갓집이 금수저인데 뭐가 걱정이겠습니까?

그런데 애석하게도 사임당이 결혼한 뒤 몇 달 지나지 않아 신명화는 그만 세상을 떠나고 말았습니다. 그래서 사임당은 3년상을 치르기 위해 시댁으로 가지 않고 3년간 강릉 친정에 머물렀습니다. 이후에도 출산과 양육 등의 이유로, 또 혼자된 어머니의 봉양을 이유로 한양과 강릉을 오가며 주로 강릉에 머물렀습니다.

사임당과 이원수의 부부 사이가 어떠했는지는 알기 어렵습니다. 일단 이원수는 재능이 출중하면서 집안 역시 좋은 아내를 어려워했고, 사임당은 겉으로 드러내는 성격이 아니었기 때문에 겉보기에는 평탄해 보였을 수 있습니다.

처음에는 나름 부부 사이가 괜찮았던 모양입니다. 사임당과 이원수는 슬하에 딸 셋과 아들 넷을 두었습니다. 그중 둘째가 당대 유명한 시인으로 이름을 날린 딸 이매창, 다섯째가 율곡 이이, 막내가 당대 유명한 화가였던 아들 이우입니다. 각각 어머니의 문학·학문·예술적 재능을 물려받은 셈입니다. 이는 후세 사람들이 사임당을 '현모양처'라고 추앙하는 근거가 되기도 합니다. 하지만 사임당이 자식들을 이렇게 잘 키우기 전에 그 자신이 이 각 분야들에 정통했다는 점은 종종 망각합니다. 더구나 당시 기혼 여성이 이런 분야에 정진하기 어려웠다는 것도 말입니다.

사임당은 남편과 사이가 멀어지는 느낌이 들자 남편의 본가가 있는 파주군 율곡리에 집을 짓고 들어가 살기도 하고, 또 혼자 사는 시

어머니를 딱하게 여겨 서울에 새로 집을 지어 모시는 등 나름 애를 썼습니다. 하지만 시댁에 머물러 사는 시간이 그렇게 행복했던 것 같지는 않습니다. 자식들은 훌륭하게 자랐고, 이이는 신동으로 열세 살에 초시에 장원으로 급제할 정도였지만, 남편 이원수는 학식과 재능이 뛰어난 아내에게 열등감을 느껴서 계속 밖으로 돌았습니다. 과거에 자꾸 낙방하자 오촌 당숙인 영의정 이기의 집에 자주 드나들며 관직을 청탁하는 추태까지 보였습니다. 이런 모습은 외할아버지와 아버지의 당당한 모습을 남성의 롤모델로 보며 자란 사임당에게 깊은 모멸감을 주었습니다. 사임당은 그런 생각을 속에 담아만 두는 것이 아니라 직접 이야기하며 남편을 말렸습니다.

"영의정 이기 대감 댁에 드나드는 일을 삼가해 주시기 바랍니다."

"개인적으로는 당숙이 되시는 분 아니겠소? 그게 무슨 허물이 되겠소?"

"세불십년이라 했습니다. 이기 어르신이 힘을 가지신 게 벌써 얼마나 되었습니까? 권세라는 것은 무너질 때는 옥과 돌을 가리지 않는 법. 그래서 권세 있는 사람 옆에 있는 것은 범을 옆에 두는 것과 같다 했습니다. 부디 멀리하소서."

이원수는 벼슬 청탁이나 하는 모습을 아내에게 들킨 것이 부끄러웠는지 그만 멈추었습니다. 그러자 마치 사임당이 점이라도 친 것처럼 영의정 이기가 대윤과 소윤의 세력 다툼에 말려들어 몰락하고 말았습니다. 그리고 이기에게 줄을 댔던 사람들도 다 같이 관직에서 쫓

겨났습니다. 만약 이원수가 계속 줄을 대고 있었더라면 벼슬은커녕 아들들의 벼슬길까지 막을 뻔했던 겁니다.

이런 일도 있고 해서 이원수에게 사임당은 존경스러우면서도 어려운 아내였습니다. 어쩌면 '남자'로서의 위신이 깎였다고 생각했을지도 모릅니다. 그래서였는지 이원수는 밖으로 나돌면서 외도를 했습니다. 뒤늦게 얻은 하위 관직 역시 지방 출장이 많은 자리였는데, 그때마다 사임당의 귀에 남편에 대한 좋지 않은 소문이 계속 들어왔습니다. 그러더니 마침내 이원수는 당시 양반 남성들이 행사하던 특권을 행사했습니다. 첩을 들인 겁니다. 정조라는 이름으로 여성의 외도는 철저히 금지하면서, 남성의 외도에 대해서는 질투조차 하지 말라며 칠거지악을 운운하던 시대였습니다. 그러니 천하의 사임당도 남편이 첩을 들이는 것을 막을 힘이 없었습니다. 거대한 벽이 느껴졌을 겁니다.

당시 이원수가 들인 첩은 큰아들 이선과 나이가 같았습니다. 기가 막힐 노릇이었을 겁니다. 사임당의 아버지 신명화는 평생 서울과 강릉을 오가며 살았지만 외도를 하거나 첩을 들이지 않았습니다. 외조부 역시 외조모가 세상을 떠난 뒤에도 혼자 고고하게 살았습니다.

이때 충격이 얼마나 컸던지 사임당은 집을 떠나 금강산에 들어가 기도했습니다. 비구니가 되려 했다는 설도 있는데 확인할 길은 없고, 어쨌든 사찰에 머물렀던 것만은 사실인 것 같습니다. 이후 사임당은 병으로 자리에 눕는 경우가 늘었습니다. 그리고 남편에게 자기가 죽은 뒤 재혼하지 말 것을 요구하기까지 했습니다. 그것도 유교 경전을 인용해 가면서 말이죠. 사실인지는 모르겠지만 그 대화라고 전해지는 기록입니다.

사임당 내가 죽은 뒤에 당신은 다시 장가를 들지 마십시오. 우리에게 이미 아들 다섯, 딸 셋, 8남매의 자녀가 있으니 또다시 다른 자식을 더 둘 이유도 없거니와, 『예기』의 가르침을 따르는 것이 마땅합니다.

이원수 그럼 공자가 아내를 내보낸 것은 무슨 예법에 합하는 것이오?

사임당 그건 공자가 노나라 소공 때 난리를 만나 제나라 이계로 피난갈 때, 부인이 따라가지 않고 바로 송나라로 갔기 때문입니다. 그러나 공자가 그 부인과 다시 동거를 하지 아니했을 뿐 아주 내쫓았다는 기록은 없습니다.

이원수 공자가 아내를 내친 기록이 없다? 그러면 증자가 부인을 내쫓은 것은 무슨 까닭이오?

신사임당 증자의 부친이 찐 배를 좋아했는데, 그 부인이 배를 잘못 쪄서 부모 봉양하는 도리에 어긋남이 있었기 때문에 부득이 내쫓은 것입니다. 그러나 증자도 한 번 혼인한 예의를 존중하여 다시 새장가를 들지는 아니하였습니다.

이원수 『주자가례』에는 이 같은 일이 있지 않소?

신사임당 주자가 마흔일곱 살 때 부인 우씨가 죽고, 맏아들 숙은 아직 장가를 들지 않아 살림할 사람이 없었지만 주자는 다시 장가들지 않았습니다.

재능은 물론이고 인품 역시 훌륭한 여성이었음이 분명하지만 우리나라
화폐 역사상 최초이자 유일한 여성 인물로 신사임당은 재고의 여지가
많습니다.

그리고 얼마 지나지 않아 사임당은 마흔여덟을 일기로 눈을 감습니다. 당시 기대 수명으로 보면 요절이라고 보기는 어렵지만, 무척 아까운 나이인 것만은 사실입니다. 이후 율곡이 무려 아홉 개의 과거에서 장원급제하여 구장원이라 불리는 것도 보지 못했으니까요.

사실 신사임당의 삶에 대해 우리가 알 수 있는 것은 이 정도가 전부입니다. 이런저런 야사가 전해지지만 믿기 어렵습니다. 서예와 산수화에 능했다고 하지만 남아 있는 작품은 병풍 하나가 전부입니다. 그 밖에는 후세 사람들이 낙관을 찍은 〈초충도〉, 〈화조도〉 정도입니다.

물론 남아 있는 기록만을 살펴보아도 전통적인 현모양처의 모델은 아닌 것 같습니다. 그렇게 순종적이지도 않았고, 할 말 못 하고 살았던 것 같지도 않습니다. 하지만 이 역시 출신이 금수저였다는 것, 그리고 아버지의 배려로 만들어진 특별한 조건이었기에 가능한 것이었습니다.

나름 재능 있고 독특한 삶을 산 건 분명한데, 이 정도로 화폐에 등극할 정도의 업적을 남겼다고 보기는 어렵습니다. 문집을 남기지도 않았고, 조선 회화의 역사를 바꿀 만한 훌륭한 작품을 남기지도 않았습니다. 다만 재능이 있었고, 사대부들의 찬사를 받았다는 정도였죠. 바로 이 때문에 많은 여성단체에서 신사임당을 5만 원권 모델로 사용하는 데 반대한 것입니다. 이는 결코 신사임당이라는 인물을 비판하는 것이 아닙니다. 신사임당 개인이야 재능 있고 인품이 훌륭한 여성이었습니다. 또 그 시대를 생각한다면 나름 당돌한 면도 있는 여성이 었습니다. 하지만 아무리 생각해도 우리나라의 역사를 대표하는 단한 명의 여성이 되기에는 남아 있는 업적이나 기록이 너무 적습니다. 율곡 이이의 어머니라는 것만 가장 확실하게 남아 있을 뿐입니다. 송시열의 논리에서 한 발짝도 더 진보하지 못한 것입니다.

"양쪽 노모를 잘 모신 효녀이며, 자식들을 잘 키운 현모인데, 그림도 잘 그렸네?" 딱 이겁니다.

우리나라 최초로 화폐에 여성 인물을 올리는 역사적인 순간입니다. 그렇다면 여기에 올라가는 인물은 이미 그 존재 자체가 이 나라에서 살아갈 여성들에게 던지는 메시지이며, 세계 여러 나라 여성들에게 던지는 이 나라의 메시지입니다. 그런데 그 메시지가 이래서야 되겠습니까?

신사임당이 실제로 그런 전통적인 여성상 그대로 살아갔는지 여부는 중요하지 않습니다. 이미 그런 여성의 이미지로 만들어졌고, 그런 이미지가 아니고서는 이렇게 화폐 인물로 선정될 만한 이유가 보이지 않는다는 것이 중요합니다. 그런 점에서 우리나라 화폐 역사상 최초이자 유일한 여성 인물로 신사임당은 적당하지 않습니다. 그래서 이 글을 이렇게 정리하려 합니다.

신사임당은 단지 현모양처만은 아니었습니다. 오히려 전통적인 여성상과는 다른 삶을 꿈꾸었습니다. 그러나 실제로 그런 삶을 이루어 내지는 않았습니다. 못했을 수도 있고요. 따라서 신사임당을 대한

민국을 대표하는 여성으로, 유일한 화폐 모델로 내세우는 것은 시대
착오적이며 잘못된 선택입니다. 다음 화폐 개정 때 꼭 바꾸었으면 합
니다. 기왕이면 다른 인물들도 좀 바꾸어서 우리나라가 대한민국이
지 조선 왕국이 아니라는 것을 보여 주었으면 합니다.

신사임당을 기리는 더 좋은 방법은 많이 그렸다고 전해지는 산수
화들을 찾아내고, 더 많은 글이나 작품도 찾아내 훌륭한 예술가로서
의 위상을 다시 잡아주는 것입니다.

여성들의 삶과 고뇌를
언어화하다

일본 근대 문학의 효시
히구치 이치요
樋口一葉
1872~1896

일본은 선진국 중에서 양성평등 지수가 뒤떨어지는 나라입니다. 아직 남녀간 임금 격차도 크고, 성희롱 문화 역시 여전히 심각합니다. 아, 그렇다고 우리가 우쭐댈 일은 아닙니다. 우리나라 역시 선진국 중에서 일본과 쌍벽을 이루는 여성 후진국이니까요.

어쨌든 그런 일본인만큼 그동안 화폐 인물이 온통 남성 일색이었던 것은 어쩌면 당연한 일이었습니다. 일본에서 근대적인 지폐가 발행된 지 100년도 더 지난 2004년이 되어서야 처음으로 여성을 화폐 인물로 채택했으니까요. 이 역시 우리가 우쭐댈 일은 아닙니다. 우리는 그보다도 더 늦었으니까요. 어쨌든 일본 최초로 화폐 나라에 입장한 여성이라는 영예를 차지한 인물은 바로 5천 엔권에 초상이 실린 소설가 히구치 이치요입니다.

아무래도 가까이 있는 나라다 보니 우리가 알고 있는 일본의 위인들이 꽤 많은 편인데, 이 이름만큼은 도무지 들어 볼 기회가 없었을 겁니다. 그럴 수밖에 없는 것이 일본의 근대화가 막 시작될 무렵인 메이지 시대에 활동한 소설가인데다 스물네 살에 요절해 작품도 많지 않습니다. 실제로 일본 국민들도 의외라는 반응이 많았습니다.

문학 전문가들 사이에서는 일본 문학이 한문투의 문어체를 사용하는 전통 문학에서 일상적인 구어체를 사용하는 현대 문학, 간단히 말하면 오늘날 우리가 알고 있는 소설로 넘어가는 징검다리 역할을 한 중요한 작가라는 평가도 있었습니다. 그래도 스물네 살에 요절한 작가가 일본을 대표하는 여성으로, 그것도 일본 역사상 최초로 화폐 인물로 선정되었다는 것은 좀 뜻밖입니다.

물론 히구치 이치요는 훌륭한 작가입니다. 소설을 읽어 보면 도저히 근대화 과도기 작품이라고 느껴지지 않습니다. 오늘날까지 내려오는 일본 소설의 특징인 '사소설'의 원형을 보는 것 같습니다. 하지만 일본 여성의 역사를 대표할 정도의 무게감은 없습니다. 일단 작품 자체가 얼마 되지 않습니다.

어쩌면 히구치 이치요가 일본 최초의 화폐 여성으로 선정되는 과

제국주의, 전범 논란 등에서 자유로운 히구치 이치요가 실린 5천 엔권 지폐

정 자체가 굴곡진 일본 현대사의 상징적인 모습이었는지도 모릅니다. 다음과 같은 몇 가지 원칙을 정하고 나니 선택의 여지가 별로 없었기 때문입니다.

일본은 1984년부터 화폐 인물을 근현대 인물 위주로 선정했습니다. 고대나 중세 인물을 강조하면 필연적으로 민족주의·국수주의적 경향이 강해지는데, 이미 세계대전의 패망으로 일본인들은 그 대가를 잘 알고 있습니다. 그리하여 화폐 인물을 근현대 인물로 교체해야 한다는 요구가 끊임없이 있었고, 68혁명 세대가 사회의 주역이 되면서 실제로 그렇게 바뀐 것입니다. 그런 점에서 아직도 조선시대에 얽매여 있는 우리나라 화폐 인물을 다시 돌아볼 필요가 있습니다. 어쨌든 이 때문에 그동안 늘 고액권을 차지하고 있던 쇼토쿠 태자(우리나라로 치면 세종대왕)마저 하차했습니다.

군인이나 정치가를 배제하기로 했습니다. 근현대 인물 중 군인과 정치가가 일본의 평범한 국민과 수많은 아시아 민중에게 얼마나 많은 고통을 안겨 주었는지를 감안하면 당연한 조치입니다. 그런데 1984년 이전까지 일본 화폐에는 주로 메이지 유신의 영웅들인 정치가와 군인이 단골로 등장했습니다. 이들이 일본 근대화의 영웅이긴 하지만, 결국 제국주의 침략의 주역으로 전락했는데도 말입니다. 1984년 이후에는 이타다키 다이스케, 이와쿠라 도모미, 이토 히로부미 등 일본 제국주의 시대의 정치가들이 화폐에서 퇴장했습니다.

학자, 예술가 위주로 선정해 일본의 미래를 정치나 군사가 아니라 문화 강국에서 찾는다는 비전을 보이고자 했습니다. 그리하여 나쓰메 소세키, 니토베 이나조, 후쿠자와 유키치, 노구치 히데요 등 근현대 소설가, 사상가, 과학자 들이 화폐 인물로 등장했습니다.

제국주의, 식민주의, 전범 논란에서 자유로워야 한다는 건 너무 당연한 조건이라고 할 수 있습니다.

2004년, 시대의 흐름에 따라 이런 조건에 맞는 여성 위인을 찾아야 했습니다. 히구치 이치요는 바로 이 모든 조건에 딱 들어맞는 인물이었습니다. 우선 근현대 인물입니다. 소설가이니 문화예술계 인물입니다. 결정적으로 아예 20세기가 되기 전에 세상을 떠났기 때문에 제국주의, 식민주의, 전범 논란 등에서 근본적으로 자유롭습니다. 사실 세 번째 조건이 제일 까다로웠을 겁니다. 우리나라 근현대 인물들, 특히 문화예술계 인물들이 걸핏하면 친일 행적으로 논란이 되듯, 일본은 제국주의와 진범 논란에서 자유로운 근현대 인물을 찾기가 무척 까다롭습니다. 기껏 찾아 놓았는데, 어디선가 전쟁을 찬양하는 글 한 편이 발견된다거나 하는 식이죠. 그러니 아예 러일전쟁이 일어나기도 전에 세상을 떠난 히구치 이치요가 적격입니다.

그런데 워낙 짧은 삶을 살다간 인물이라 히구치 이치요의 생애에 대해서는 알려진 바가 많지 않습니다. 간단하게 소개만 해 봅니다.

히구치 이치요는 1872년 5월 2일에 도쿄에서 태어났습니다. 아버지는 사족이었지만 명목뿐이었습니다. 조선 말기 몰락한 양반을 생각하면 됩니다. 어려서부터 머리가 좋아 1883년 세이카이 소학교를 수석으로 졸업하는 등 두각을 나타냈습니다. 하지만 어려운 가정형편과 "여자가 뭘 자꾸 배우면 남자에게 대들어서 못쓴다"는 어머니의 반대로 상급학교로 진학하지는 못했습니다.

게다가 아버지와 큰오빠, 즉 집안의 가장과 장남이 일찍 세상을 떠났습니다. 그래서 히구치 이치요의 십 대는 생계를 위해 분투하는 고생으로 가득했습니다. 이게 나중에 자신의 작품 속에 잘 드러납니다. 주로 삯바느질과 세탁 같은 일을 하면서 돈을 벌어 가족을 부양해야 했습니다.

이 와중에 소설을 썼습니다. 그리고 이른 나이인 열아홉 살에 등

단해 단편소설들을 발표했습니다. 어느 정도 원고료를 받기 시작했지만, 가난에서 벗어날 정도는 아니었습니다. 그러던 중 1896년에 폐결핵으로 세상을 떠났는데, 겨우 스물네 살이었습니다.

소설가로 활동한 단 5년 동안 히구치 이치요는 14편의 단편소설을 남겼습니다. 이 중 「키재기」와 「13야」는 일본 현대문학의 효시로 불리는 대단히 중요한 작품입니다.

맺음말

지금까지 화폐 인물이 된 여성들이 '여성'으로서 겪어야 했던 어려움
과 그 삶이 남겨 준 의미를 살펴보았습니다. 이들 외에도 화폐 나라의
시민이 된 여성들은 좀 더 있습니다. 대부분 1990년대 이후에 입성했
습니다. 그러나 화폐 절반을 여성에게 할당한 독일 마르크가 유로화
로 통합되면서, 화폐 나라의 성별 격차는 더욱 커졌습니다. 현재 화폐
절반을 여성에게 할당한 나라는 스웨덴 정도가 남아 있습니다.

"여성을 차별해서가 아니라 위인들 중에 여성이 별로 없는 걸 어
쩌란 말이냐?"

이렇게 말하는 사람도 있습니다.

하지만 그들은 인류의 역사가 사실상 여성 억압의 역사였다는 사
실을 슬그머니 감춥니다. 20세기 이전까지의 위인 대부분이 남성인
것은 그 오랜 세월 동안 남성에게만 기회가 주어졌고, 여성은 침묵을

강요당했기 때문입니다.

1920년대 이전에는 여성에게 투표권조차 없었습니다. 20세기 중반이 되어서야 여성은 한 사람의 시민으로 인정받았으며, 그 이전에는 심지어 일종의 재산으로 간주되었습니다. 딸은 아버지의 재산, 아내는 남편의 재산이었습니다. 여성에게는 이성이 부족하고 감정에 사로잡히기 쉬워 중요한 일을 맡기기 어렵고, 학문으로 성공할 수 없다는 생각은 심지어 20세기 후반까지도 음으로 양으로 전해져 내려왔습니다.

여성 작가들은 익명으로 작품을 발표하거나(제인 오스틴), 남자 이름을 필명으로 쓰거나(조르주 상드), 자기 연인이나 배우자 이름을 사용해야 부당한 평가를 받지 않았습니다.

위대한 철학자이자 경제학자인 존 스튜어트 밀이 직접 자신의 연구는 연인인 해리엇 테일러와 함께한 것이라고 말해도, 세상은 받아들이지 않았습니다.

그런데 온통 남성 일색인 화폐 역시 이런 편견을 퍼뜨리는 데 중요한 역할을 했습니다. 화폐는 모든 사람이 어릴 때부터 접하는 매우 강력한 매체입니다. 이렇게 어릴 때부터 자주 접하는 매체는 성인이 된 후의 가치관에 결정적인 영향력을 끼칩니다.

어릴 때부터 온통 남성으로만 이루어진 위인들을 보고 자란 남학생들은 여성을 지배하고 통제하려는 성향을, 여학생들은 남성 앞에서는 자기도 모르게 위축되고 스스로를 평가절하하려는 성향을 가지기 쉽습니다.

훌륭한 업적을 남긴 여성이 없는 것이 아닙니다. 남자들의 눈, 남자들의 목소리로 그 업적을 평가절하하고 감추었을 뿐입니다. 정 기록이 없어 찾기 어려우면 여성뿐 아니라 남성 위인들까지도 여성에게 충분한 기회가 주어진 시대 이후의 인물들 중에 선정하도록 원칙을 바꾸어야 합니다. 어떤 면에서 그 이전의 남성 일색의 위인들은 인구의 절반을 차지하는 여성의 참가가 배제된 반쪽짜리 승부의 승자일 뿐이니까요.

하지만 이 책에서는 주로 18~19세기 인물 중에 화폐에 올라간 여성들을 다루었습니다. 반쪽짜리 그들만의 승부가 이루어지던 완전히 기울어진 운동장에서 두각을 나타낸 여성들이죠. 같은 시대 남성들은 재능과 위대함만으로 위인이 될 수 있었지만 이들은 여성에 대한 편견과 앞길을 가로막는 온갖 장벽과 맞서 싸워야 했습니다. 그러나 그렇게 장벽을 넘어 업적을 이루어도, 결국 남성들에 의해 남성들의 입맛에 맞는 평가를 받아야 했습니다.

오늘날 전 세계적으로 이들이 경험해야 했던 공식적이고 명시적인 차별과 장벽은 많이 사라졌습니다. 적어도 이 운동장은 평평해 보입니다.

하지만 정말 그럴까요? 혹시 겉으로는 평평하지만 우리 마음속에는 기울어진 운동장의 이미지가 심어져 있는 것은 아닐까요? 화폐를 비롯한 온갖 매체를 통해 그렇게 마음속에 기울어진 이미지를 그리고 있는 것은 아닐까요?

앞서 간 위대한 여성들의 삶을 통해 그 이미지를 찾아 바로잡을 수 있는 힘을 갖추었으면 합니다.

참고문헌

『나이팅게일의 간호론』, 플로렌스 나이팅게일 지음, 김조자·이명옥 옮김, 현문사, 1997
『제인 오스틴』, 존 스펜스 지음, 송정은 옮김, 추수밭, 2007
『교육가 마리아 몬테소리』, 연재준 지음, 투리아트 그림, 북스, 2011
『몬테소리 평전』, 지구르트 헤벤슈트라이트 지음, 이명아 옮김, 문예출판사, 2011
『키 재기 외』, 히구치 이치요 지음, 임경화 옮김, 을유문화사, 2010
『음악가 클라라 슈만』, 꼬나 지음, 투리아트 그림, 북스, 2011
『사임당 평전』, 유정은 지음, 리베르, 2016
『사임당』, 이영호 지음, 씽크뱅크, 2016
『클라라 슈만 평전』, 낸시 B. 라이히 지음, 강자연·하인혜 옮김, 경북대학교출판부, 2019
『플로렌스 나이팅게일 평전』, 김창희 지음, 맑은샘, 2019
브리태니커 백과사전 온라인
Notes on nursing : What it is, and What it is not, Florence Nightingale, Dover Publications, 1969
Women on the Margins Three Seventeenth Century Lives, Natalie Zemon Davis, Harvard University Press, 1995
Encyclopædia Britannica, Maria Sybila Merian

이미지 제공처